JN161231

パースペクティブ・シフトと混合話法

ひつじ研究叢書〈言語編〉

第 100 巻　日本語の「主題」　　　　　　　　　　　　　　　堀川智也 著
第 101 巻　日本語の品詞体系とその周辺　　　　　　　　　　村木新次郎 著
第 102 巻　感動詞の言語学　　　　　　　　　　　　　　　　友定賢治 編
第 103 巻　場所の言語学　　　　　　　　　　　　　　　　　岡智之 著
第 104 巻　文法化と構文化　　　　　　　　　　　　　　秋元実治・前田満 編
第 105 巻　新方言の動態 30 年の研究　　　　　　　　　　　　佐藤髙司 著
第 106 巻　品詞論再考　　　　　　　　　　　　　　　　　　山橋幸子 著
第 107 巻　認識的モダリティと推論　　　　　　　　　　　　木下りか 著
第 108 巻　言語の創発と身体性　　　　　　　　　　　　児玉一宏・小山哲春 編
第 109 巻　複雑述語研究の現在　　　　　　　　　　　　岸本秀樹・由本陽子 編
第 110 巻　言語行為と調整理論　　　　　　　　　　　　　　久保進 著
第 111 巻　現代日本語ムード・テンス・アスペクト論　　　　工藤真由美 著
第 112 巻　名詞句の世界　　　　　　　　　　　　　　　　　西山佑司 編
第 113 巻　「国語学」の形成と水脈　　　　　　　　　　　　　釘貫亨 著
第 115 巻　日本語の名詞指向性の研究　　　　　　　　　　　新屋映子 著
第 116 巻　英語副詞配列論　　　　　　　　　　　　　　　　鈴木博雄 著
第 117 巻　バントゥ諸語の一般言語学的研究　　　　　　　　湯川恭敏 著
第 118 巻　名詞句とともに用いられる「こと」の談話機能　　金英周 著
第 119 巻　平安期日本語の主体表現と客体表現　　　　　　　髙山道代 著
第 120 巻　長崎方言からみた語音調の構造　　　　　　　　　松浦年男 著
第 121 巻　テキストマイニングによる言語研究　　　　　　岸江信介・田畑智司 編
第 122 巻　話し言葉と書き言葉の接点　　　　　　　　　　石黒圭・橋本行洋 編
第 123 巻　パースペクティブ・シフトと混合話法　　　　　　山森良枝 著
第 124 巻　日本語の共感覚的比喩　　　　　　　　　　　　　武藤彩加 著
第 125 巻　日本語における漢語の変容の研究　　　　　　　　鳴海伸一 著
第 126 巻　ドイツ語の様相助動詞　　　　　　　　　　　　　髙橋輝和 著

ひつじ研究叢書
〈言語編〉
第123巻

パースペクティブ・シフトと
混合話法

山森良枝 著

ひつじ書房

目　次

第1章 序論　　1

第2章 引用と引用符　「統語論的括弧」と「語用論的括弧」　11
  1. はじめに　11
  2. 括弧の概念的意味特性　13
    2.1　構成要素の関係表示　13
    2.2　指示と標示　15
  3. 括弧の2類型　18
    3.1　随意的括弧　18
    3.2　語用論的括弧　20
  4.「語用論的括弧」の語用論　23
    4.1　Logophoric Pronoun　*De Re* と *De Se*　23
    4.2　〈Open Quotation〉と〈Closed Quotation〉　26
    4.3　「語用論的括弧」の手続き的意味　28
  5. おわりに　33

第3章「埋め込み節事象先行型活動動詞ル形＋カラ節／ノデ節」の時制解釈　37
  1. はじめに　38
  2. 現象　41
    2.1　「埋め込み節事象先行型活動動詞ル形＋カラ節／ノデ節」　41
    2.2　先行研究　45
  3. パースペクティブの主体　49
    3.1　様態表現および「非難」のニュアンス　49
    3.2　尾野（1999）　52
    3.3　叙実動詞補文　〈否定できるカラ節〉と〈否定できないカラ節〉　54
  4. 話者とカラ節／ノデ節主語の（パースペクティブの）（不）一致とル形の認可　58
  5. パースペクティブの拡張と「非難」のニュアンス　62

6. パースペクティブの拡張と活動動詞「ル形」の論理構造		64
6.1　命題と命題概念		64
6.2　排他的パースペクティブ集合と「カラ節／ノデ節」		67
7. パースペクティブ・シフトと *De Re・De Se*		69
7.1　「混合話法」と「ル＋カラ節／ノデ節」		69
7.2　*De Re・De Se* と時制の埋め込み		71
8. Shift-Together Constraint		72
9. おわりに		79

第4章　いわゆる非分析的否定疑問文の分析　　85

1. はじめに	86
2. 否定文と疑問文の一般的特徴	89
2.1　否定文と疑問文の論理特性	90
2.2　自然言語の否定と論理特性	91
3. 否定と構成性の問題	92
3.1　メタ言語否定	93
3.2　PでありPでない	94
4. 「の」・「だ」・否定・疑問	98
4.1　接続法	99
4.2　接続法と否定のスコープ	100
4.3　「の」と接続法	101
4.4　「だ」と否定のスコープ	102
5. 非分析的否定疑問文と法　断定と概言	105
5.1　断定・概言と直説法・接続法	105
5.2　Common Ground と2つの意味	106
5.3　データ	109
6. おわりに	112

第5章　「Vてある」・「Vておく」構文の意味と事象構造　　117

1. はじめに	117
2. 先行研究	120
2.1　2つの意味	120
2.2　暗黙の動作主	121
2.3　明示的動作主	122
3. 「Vてある」構文の分析	123
3.1　「Vてある」構文のタイプ	124
3.2　経験者の動作主性	127

4. 「Vてある」構文の事象構造 　　　　　　　　　131
      4.1　イベント意味論（event semantics）　　　131
      4.2　A型「Vてある」構文　　　　　　　　　132
      4.3　B型「Vてある」構文　　　　　　　　　133
   5. 「Vておく」構文　　　　　　　　　　　　　134
   6. おわりに　　　　　　　　　　　　　　　　　137

第6章　いわゆる〈詠嘆の「も」〉について　　　　139
   1. はじめに　　　　　　　　　　　　　　　　　140
   2. 「とりたて詞」と全称量化子　　　　　　　　141
      2.1　「とりたて詞」　　　　　　　　　　　　141
      2.2　全称量化子　　　　　　　　　　　　　　143
      2.3　*Da're-mo* (everyone) vs. *Dare-mo* (anyone NPI)　146
   3. 自由選択項目　　　　　　　　　　　　　　　148
      3.1　Any　　　　　　　　　　　　　　　　　148
      3.2　「どんなCN（で）も」vs.「どのCN（で）も」　150
   4. 詠嘆の「も」句　　　　　　　　　　　　　　152
      4.1　分布条件　　　　　　　　　　　　　　　152
      4.2　内包的不定表現　属性の集合　　　　　　153
   5. 分析　　　　　　　　　　　　　　　　　　　155
   6. おわりに　　　　　　　　　　　　　　　　　157

第7章　結論　　　　　　　　　　　　　　　　　　161

参考文献　　　　　　　　　　　　　　　　　　　　165
あとがき　　　　　　　　　　　　　　　　　　　　171
索引　　　　　　　　　　　　　　　　　　　　　　173

第1章
序論

　言語学の入門書にヒトの言語の特色として、二重分節性とともによく言及されるのが「言語の線状性 (linearity)」である。例えば、インターネットを検索してみると、

> 言語記号の基本的性格の一つ。単語が文として実現する場合には、必ず一定の順序で並ぶという事実を捉えた術語。絵画など映像メディアでは、画像全体が一度に全体の情報が与えられるが、言語は、時間をかけて一言ずつ順番に情報を発する特徴がある（一次元的）。

という文言に出会う。また、三省堂の『大辞林』では、次のように記されている。

> 言語の単位が時間軸に沿って、単一の線分のように連続体を成していること。例えば「みかん」という語ではm-i-k-a-nという順に音が連続していて、kとnを同時に発音することはできない。これに対し、写真・地図などは線状性をもたない表現である。

この線状性という特質は音声言語において顕著であるが、上の解説で言及されているように、一度に全体の情報を与えることができる絵画や映像メディアと異なり、時間をかけて一言ずつ順番に情報を発することは音声言語に限らず言語一般の特性である。例えば、青木 (2002) は、言葉だけで道案内をする場合と地図を使用しながら行う場合を比べたり、人の写真や抽象画を言葉だけで相手に知らせたりするエクササイズを通して、言語の限界を説く。

　しかしながら、ヒトの言語は時間をかけて一言ずつ順番に情報を発するしか手がないわけではない。言語にも一度に全体、あるいは、複数の情報を与えることができる場合がある。例えば、(1) は、「太郎以外に、Aが来た、Bが来た、Cが来た」という情報のスタ

ックを作り与えることができる。

(1) 太郎も来た

これは「も」の意味特性に依存してのことだが、こうした読みは、日頃なにげなく使われる文や発話で数多く見ることができるものである。例えば、あまり注目されていないが、(2) では「言った」ではなく「言う」を使うことで、「先方が怒って帰った」理由に加えて「うるさくいった」お前への非難が表明されている。また、(3) では、話者の地の文と文主語「部長」の元発話が交叉する。さらに、(4) には、「バカである」と「バカではない」が共に成立する二律背反的な世界が立ち上がる。

(2) お前がうるさく言うから、先方は怒って帰ってしまったよ
(3) 昨日、部長に今日東京へ行けといわれた
(4) そんなことして、バカじゃないか

二律背反的な世界に換えて、対立するパースペクティブが立ち上がっている、と言ってもよい。ここで、世界やパースペクティブという語を持ち出すのは、一般的に発話や文は発話文脈を参照して理解されるからである。例えば、「今、私の前にイスがある」という発話を理解するためには、〈誰が・いつ・どこで〉話しているのかが特定できなければ正しい理解は得られない。この発話／文の意味を決める背景となる文脈は"評価文脈"(context of evaluation) と呼ばれ、中でも、当の発話／文が誰のどのようなパースペクティブに基づいて発話／記述されているのかはとりわけ重要な要素である。そのため、Kaplan (1977) が、当該文脈とは別の文脈に基づいて指示対象を指定する要素をモンスターと呼んで排除したように、発話／文を適切に理解するためには、少なくとも、1つの文の中では一定のパースペクティブが保持されて、異なるパースペクティブの混在やシフトが生じないという〈パースペクティブの一貫性〉が強く求められることになる。パースペクティブは話者以外にも多様な要素によって構成されている。ここでは、パースペクティブを「(パースペクティブ保持者の) 語彙、思考、知識、感情、知覚、および空間―位置を含む」概念として捉えよう*1。

ただ、既に上の例で見たように、実際には、パースペクティブ

常に一貫しているというわけではない。例えば (3) では、話者と文主語「部長」の元発話が混在し、文の途中でパースペクティブが話者から「部長」へとシフトする。また、(4) では、「バカである」と「バカではない」が成り立つ 2 つの相反する内容をもったパースペクティブが立ち上がる。このように、パースペクティブが変わることにより、いろいろな読みが派生することが観察できる。

　本書の目標は、このように異なるパースペクティブが立ち上がるこれらの文や発話の背景にある隠れた仕組みはどのようなものか、それは日本語のどのような特質と関係し、理論的にどう分析することができるのか、こうしたことを具体的な現象に基づいて明らかにすることである。

　ところで、パースペクティブが変わればいろいろな意味が立ち現れる代表的な例の 1 つに信念文がある。次の文は Quine の例だが、この例は 2 通りに解釈できることが知られている。

　(5) Ralph believes that the man in the brown hat is a spy.

1 つは、Ralph が茶色の帽子をかぶった男をスパイだと思っている、という読みである。この場合、*the man in the brown hat* は Ralph の信念世界の住人で、この文は Ralph の信念を表す言表様相 *de dicto* である。このとき、*the man in the brown hat* は believe より狭い作用域をとる。ところで、(5) には、この男は Orcutt という名の人物なのだが、Ralph はそのことを知らない、という設定がある。この状況で、このことを知る話者が (5) を発話した場合、(5) は (6) と同じ意味を表すことになる。

　(6) Ralph believes that Orcutt is a spy.

ただしこの場合、(5) は (Ralph ではなく) 話者の信念を表す事象様相 *de re* として解釈され、*the man in the brown hat* は believe より広い作用域をとることになる。

　これを別の言葉で言えば、*de dicto* は主語のパースペクティブの作用域に現れ、*de re* は現行の発話行為の話者のパースペクティブの作用域に現れると言うことができる。特に、*de re* は主語の信念世界に含まれない、という点は重要である。この点に着目して、Heim (2013) が興味深い分析を行っている*2。(7a) は *de dicto*、

(8a) は *de re* の例である。

(7) *de dicto*:
 a. 私は洋子を尊敬したい
≠ b. 洋子は私に尊敬されたい

(8) *de re*:
 a. 太郎は洋子を尊敬していそうだ
= b. 洋子は太郎に尊敬されていそうだ

De dicto は主語世界に含まれる解釈であり、「太郎」の信念を表している。従って、受動変形を施すと主語と目的語が入れ替わり、文の意味が変わることが予測される。信念主体の「太郎」ではなく、「洋子」の信念を表すことになるからである。実際に (7a) に受動変形を施すと、予測の通り、(7b) は (7a) の意味を表さない。これに対して、*de re* は、主語「太郎」の信念世界には含まれない、話者の信念に含まれる解釈である。従って、受動変形により主語と目的語が入れ替わっても、文全体の意味は変わらないことが予測される。実際に、(8a) に受動変形を施すと、予測通り、(8b) は (8a) と同じ意味を表すことが確認できる。

この (7) と (8) の対立から見えてくることは、*de dicto* では語彙項目に即して意味が導かれるのに対して、*de re* は文に具現化されない話者／著者（の信念）を想定しなければならないために、*de dicto* よりも複雑な意味の派生プロセスをもつということである。このような視点から *de dicto* と *de re* に記述的定義を与えると次のようになる。

(9) a. *de dicto*（言表様相）読みは、語彙項目に即して解釈される
 b. *de re*（事象様相）読みは、現行の発話行為の話者のパースペクティブに即して解釈される

以上の *de dicto* と *de re* の意味形成に対する Heim の洞察は、2つの読みの違いを明らかにし、*de re* では、表層文に具現化されない話者や著者のパースペクティブが、発話や文の理解に関係するという事実の輪郭をうまく捉えているように思われる。

Kaplan (1977) が、現行の文脈とは別の文脈に基づいて指示対

象を指定する要素をモンスターと呼んで排除したように、異なるパースペクティブの混在やシフトは原則的にあってはならないとされるものである。しかし、自然言語には、1つの文に異なるパースペクティブが混在していたり、文の途中でパースペクティブがシフトしたりする例が、信念文以外にもたくさん存在する。特に (2) や (4) で観察したように、表層文に具現化されない話者のパースペクティブに相対的に解釈される *de re* 読みは、目立たないが、さまざまなタイプの発話や文に現れて、複眼的で重層的な意味の構築に関係する。

例えば (10) では、引用符（" "）が、当該記述"コントロールされている"に関する主語「首相」のパースペクティブには含まれない「コントロールされていない」、あるいは、少なくとも「コントロールされている」に疑念を抱く現行の発話行為の話者／著者のパースペクティブを挿入する役割を担っている。これも *de re* の例である。

(10) 首相が"コントロールされている"と確言した汚染水

さらに、(11a, b) の所謂〈詠嘆の「も」〉を含む「この街も」「春も」では、話者が知り得た「この街」や「春」の〈履歴〉が導入されていると考えれば、単純に主題を提示する「Nは」とは異なる「Nも」の意味特性をうまく説明することができる。そして、ここにも話者の注釈を挿入する *de re* の読みが潜んでいる。

(11) a. この街も変わらないなあ
    b. 春もたけなわになりました

このように雑多なクラスにわたって観察されるパースペクティブの混在やシフト現象の背景に働いているメカニズムと意味生成プロセスを記述し解明する何らかの方法をみつけることは重要である。本書では、これらの現象が、総じて「表層文に具現化されない現行の発話行為の話者の主観（話者のパースペクティブに基づいた情報）を新たに会話の背景に導入する」という一種の〈日本語固有の話法〉として捉えられるべき現象であり、意味解釈のレベルでは、*de re* として、意味生成のメカニズムを適切に記述し分析できるものであることを明らかにする。

以下、第2章では、*de re* 解釈の観点から、「括弧付き引用語・句」を対象に括弧の果たす役割と意味特性について考える。まず、括弧（引用符）には、被引用句を地の文から区別する機能をもつ「統語論的括弧」と、地の文を構成する語句を括弧で囲うことで、囲われた語句を地の文とは異なるパースペクティブから解釈させる「語用論的括弧」の2つがあることを示す。その上で、これまで正面から取り上げられることのなかった「語用論的括弧」を概念的意味と手続き的意味の2つの観点から考察し、「語用論的括弧」を *de re* 解釈として分析できることを明らかにする。

　第3章では、過去時制に埋め込まれた活動動詞ル形が主節時より前の時点を表す「埋め込み節事象先行型活動動詞ル形＋カラ節／ノデ節」の時制解釈について考える。「埋め込み節事象先行型」解釈は、通常、活動動詞タ形が選択され、主節時を基準とする読みをもつ。これに対して、活動動詞ル形が選択されるカラ節／ノデ節は、「埋め込み節事象先行型」解釈を示すが、これは主節時基準ではなく、カラ節／ノデ節独自の時制であり、*de re* 解釈として捉えられる。本章では、このような特性をもつ「活動動詞ル形＋カラ節／ノデ節」は、話者の知識・信念を根拠とした話者の主観的パースペクティブを表示すること、それに伴い、これと対立する、あるいは、対比されるカラ節／ノデ節主語のパースペクティブを二重写しにして見せるパースペクティブの拡張を特徴とし、カラ節／ノデ節主語のパースペクティブを排して、話者のそれへと上書きする読みをもつことを明らかにする。そして、その背後に、カラ節／ノデ節に「命題概念」を導入することで内包的文脈を設定するという活動動詞ル形の意味特性が深く関係していることを主張する。

　第4章では、非分析的否定疑問文「Pじゃないか」の文末連鎖「じゃないか」とは何かについて考える。非分析的否定疑問文は、否定疑問文の形式をもちながら、〈肯定への傾き〉と言われる概言のムードを表し、「じゃないか」を構成する個々の構成要素の関係をめぐり深刻な構成性のパズルを提起する。Horn (1985, 1989) によれば、否定には、命題の真理条件を否定する記述否定と、先行発話命題の前提や含意などの語用論的な対象を否定するメタ言語否

定があると言う。しかし、どちらも非分析的否定疑問文の意味特性を説明できない。そこで、この章では、状況は世界の部分を構成するという状況理論に基づいた Devlin の（自己言及的で循環的とされる）「嘘つき文」の分析をベースに、非分析的否定疑問文の否定の対象が、Pの真理条件ではなく、Pの真理条件が依存する状況／パースペクティブの適切性であることを提案する。さらに、そう考えることにより、「じゃないか」の個々の構成要素の意味特性から「Pであり、かつ、Pでない」という意味が派生するメカニズムを分析的・構成的に記述できることを示して、非分析的否定疑問文が従来考えられていたよりももっと明確な論理構造を有することを主張する。

　第5章では、第一要素に意志動詞テ形、第二要素に存在動詞の「ある」を含む複雑述語「Vてある」について考える。「Vてある」は、意志動詞が表す行為の結果の「存在」を表す読みと、意志動詞が表す行為がもたらす「結果」が何かのための「準備」としての有効性を示す読みをもち、意味的に曖昧である。「Vてある」に異なる読みを生み出すダイナミズムの実態を明らかにするために、「Vてある」構文の表層文には部分的にしか現れない構成要素の統語的関係を整理してみると、その事象構造は必ずしも同じではないことが明らかになる。第一の違いは具現化された動作主の有無だが、これにより「存在」と「結果」「準備」が区別されることについては、研究者の間でほぼ意見が一致している。問題は「結果」と「準備」の違いをどう考えるべきか、という点である。この章では、意志動詞が表す行為の動作主が同時に、その行為の影響を被る経験者でもある、という［動作主―経験者シフト］が、原因となる事象とその結果という重層的な事象構造の形成に本質的に関係していることを示し、事象構造の違いが「結果」と「準備」という異なる意味を派生する要因であることを主張する。これに付随して、「Vてある」と相補的関係にある「Vておく」に対しても同じ分析の枠組を適用することにより、2つの複雑述語の違いを明確に提示できることを示す。

　第6章では、所謂〈詠嘆の「も」〉を含む「この街も変わらない

な」「春もたけなわになりました」といった文について議論する。〈詠嘆の「も」〉に関しては、これまで言語学や日本語学の研究対象として頻繁に取り上げられてきた。しかし、直感的な説明に終始し、〈詠嘆〉を表す、という以上の説明は行われていない。「も」は、「も」が付加される要素 X と同じタイプをもつ要素集合を伴立し、X を焦点化する意味特性をもつ。そのため、例えば「太郎も来た」では {次郎、三郎、花子、一郎} といった集合が伴立されることで「太郎」が焦点化されること、また、「次郎 > 三郎 > 花子 > 一郎 > 太郎」のように「来る可能性の序列化」が生じると、「太郎さえ来たのだから、当然、他の者も来た」という含意が派生されること、などが説明できる。しかし、これと同じ説明を「この街も変わらない」に適用すると、{その街、あの街} といった集合が設定されることになり、〈詠嘆の「も」〉の意味特性は何かを説明できないことは明白である。この章では、〈詠嘆の「も」〉が、話者が直接知り得た「この街」や「春」の〈履歴〉を導入するという意味で de re 解釈を導入し、「変わらない」「たけなわだ」という「今・ここ」の状況を焦点化すると考えることにより、現象をうまく説明することができることを示す。具体的には、所謂〈詠嘆の「も」〉は、個体の集合から（それぞれの指標に対して個体を値として与える関数である）個体概念の集合（即ち、属性）にシフトするタイプ・シフターとして機能すること、その結果、「この街も」「春も」全体で、時間軸上に配列される世界の変数とその時々の「この街」「春」の個体変数を含む内包的な不定表現を形成すること、これを背景に、述語付けにより発話時の「今・ここ」での「この街」「春」の状況が焦点化され、存在量化された読みが生じること、を示す。

第 7 章では、簡単に結論を述べる。本書の考察対象である語用論的括弧、「埋め込み節事象先行型活動動詞ル形＋カラ節／ノデ節」、非分析的否定疑問文、複雑述語「V てある」、〈詠嘆の「も」〉は、さまざまな統語構造と分布条件をもち、一見、雑多なクラスを形成する。しかし、他方で、これらの現象は、(i) 括弧でありながら直接引用を示さず、(ii) 活動動詞のル形でありながらタ形と同じ埋め込み事象先行型の読みをもち、(iii) 否定疑問文でありながら肯

定への偏りを示唆し、(iv) 自動詞でありながら具現化された動作主と共起し、(v)「この街も変わらない」と言いながら「あの街も、その街も変わらない」を示唆しない、という既存の原理原則では説明できない奇妙なふるまいを示すという共通点をもつ。この事実を捉えるために、Stalnaker（1999）の「命題概念」や Devlin の「嘘つき文」の分析などを援用しつつ、現象の背後に潜むメカニズムの解明を試みると、どの現象においても、パースペクティブ・シフトや相互排他的関係にあるパースペクティブ集合の設定が観察された。また、それぞれの環境を詳しく調べてみると、このパースペクティブ集合の設定が、当該文に具現化されていない認知主体である現行の発話行為の話者の主観・情報を現行の発話文脈――会話の背景――に挿入する方策として重要な役割を果たしていることが明らかになった。別の言葉で言えば、一見雑多なこれらの現象は、*de re* としての性格をもつ点で共通すると言うことができる。この *de re* 解釈は、「表層文に具現化されない現行の発話行為の話者の主観（話者のパースペクティブに基づいた情報）を新たに会話の背景に導入する」という〈日本語固有の話法〉として捉えられるべきものであり、第2章～第6章の多様な現象は、*de re* 解釈が、目立たないが、さまざまなタイプの文に現れて、豊かな意味の構築に貢献していることを示している。

　本書は、パースペクティブの混在やシフトが複雑に関わる雑多で複雑な現象を〈日本語固有の話法〉として捉え、この視点から、これらが *de re* として分析・記述できることを明らかにして、そのメカニズムの解明を試みたものである。

---

*1　以下の記述的定義は、*The Handbook of Pragmatics*（2004: 310–311）に基づいている。
*2　(7) (8) に関する議論は、2013年9月1日に関西学院大学で行われた Heim の講演に基づくものである。

第2章
引用と引用符
「統語論的括弧」と「語用論的括弧」

　括弧と呼ばれる引用符はもともと日本語にはなく、明治時代に言文一致運動の過程で西欧語から輸入された表記法である。しかし、括弧は今や日常言語の使用において必要不可欠な存在である。この括弧に囲われた"引用語・句"と言われる項目は、引用の「と」と共起するだけでなく、連体修飾節、副詞句、形容動詞などの統語範疇にわたって広がり、従来の直接引用と間接引用の対立だけでは論じきれない部分がある。本章では、引用符である括弧を伴うという点を除いては、ある意味で雑多な集合体である「括弧付き引用語・句」を整理し、以下を主張する。まず、括弧は、被引用句を地の文から区別する機能をもつ。しかし、括弧には、その有無が文の統語構造や文法性判断に関係する「統語論的括弧」と、その有無が文の統語構造や文法性判断に関係しないが、現行の発話文脈とは異なるパースペクティブを挿入し、文の解釈に影響を及ぼす「語用論的括弧」があることを提案する。その上で、これまで正面から取り上げられることのなかった括弧の役割を（括弧そのものの意味の）概念的意味と（括弧が当該文脈においてどのように処理されるかという）手続き的意味の2つの観点から議論する。そして、手続き的意味から「語用論的括弧」の文脈／パースペクティブを操る機能が説明されることを示す。

1. はじめに

　引用符は、談話に複数の「声」を導入し、一般的には、談話内の隠れた対話に統合された直接引用を具現化する効果をもつ。日本語の引用符としては、所謂カギ括弧と呼ばれる「　」が標準的なものだが、他に『　』（　）" "' '〈 〉《 》［　］〚　〛【　】などさまざまな

ものが使用されている。これらの括弧は、明治時代に西欧語から輸入された表記法で日本での歴史は浅い。それにも拘らず、近年、日本語における括弧の使用は増加の傾向にある。例えば、木村（2011）では、テキスト全体に占める括弧の割合を「括弧率」と呼んで、さまざまなジャンルのテキストにおける括弧率を計算した。その結果、近年の著作の多くで括弧率が上昇する傾向にあること、特に、活字媒体のマスメディアの中でも週刊誌での括弧の多用は顕著であり、例えば、週刊新潮の見出しの括弧使用率は、70年代に増加傾向に入り、80年代以降は12％前後という高い割合で推移していることが明らかにされている。

　このように、括弧は今や日常言語において必要不可欠な存在である。それだけに、"括弧付き引用語・句"と言われる項目は、引用文以外の文にも生起し、括弧に囲われる対象もさまざまで、砂川（1988）、鎌田（2000）、中薗（2006）らの発話行為論的な引用研究や藤田（2000）らの統語論的な引用研究など、従来の直接話法／直接引用と間接話法／間接引用の対比だけでは論じきれない部分がある。

　本章では、引用符である括弧を伴うという点を除いては、ある意味、雑多な集合体である「括弧付き引用語・句」を整理し、括弧自体の役割について、(a) 字義通りの意味を導入する括弧に加えて、(b) 表層文に具現化されない現行の発話行為の話者のパースペクティブを新規に導入することにより、文の解釈を変更する括弧があることを示し、(a) の括弧を「統語論的括弧」、(b) の括弧を「語用論的括弧」と呼んで区別する。そして、これまでほとんど議論されることのなかった「語用論的括弧」の手続き的意味として、会話や談話の背景となっている Common Ground [*1] に含まれないパースペクティブ（に基づいた情報）を著者の注釈として導入し、当該文脈—Common Ground を拡張するという働きをもつことを明らかにする。

　本章の構成は以下のとおりである。2節では、まず引用符／括弧に関するこれまでの論考に基づいて、その基本的機能に関わる概念的意味特性を規定する。3節では、前節を踏まえて、新たに、引用

符／括弧にはその中身について字義通りの意味を与える「統語論的括弧」とその解釈の背景となるパースペクティブをシフトしその解釈に影響を与える「語用論的括弧」があることを提示する。その上で、4節では、「語用論的括弧」の意味特性を、これとよく似たふるまいを示す logophoric pronoun、および、Récanati（2000）の〈open quotation〉、〈closed quotation〉といった概念と比較しながら、「語用論的括弧」の特性を解き明かし、さまざまなタイプのデータを検証する作業を通じて、語用論的括弧の文脈を操る機能が、手続き的意味から説明されることを示す。最後に、5節はまとめである。

2. 括弧の概念的意味特性

　純粋に記号論的視点から分析すると、括弧は幾つかの特性をもっていることが分かる。逆に言うと、幾つかの意味機能の集積が括弧という装置を作っている、と言うこともできる。このような視点から、それぞれの特性を意味的な装置として取り出すと括弧の分析に非常に有効な手段となる。ある環境では、その特性の幾つかが成立し、また、別の環境では、また別の特性が成立し、異なる意味的効果を与えると考えられるが、具体的に括弧（記号）はどのような特性をもち、どのような意味的効果を与えるのだろうか。このような観点からの考察の出発点として、括弧の引用あるいは引用符としての使用について、先行研究で明らかにされている知見を参照しながら、その基本的な特性を確認しよう。

2.1　構成要素の関係表示

　括弧は、「本来は線状的な構造を持つ文章に枝分かれを作る働きを持つ」（木村, 2011: 17）と言われるように、文の構成要素の関係を表示することが基本的な役割である。例えば、(1) は (2a) と (2b) の2通りに解釈され、曖昧である。

(1) 怖いおじさんの話
(2) a.　[[怖いおじさん] の話]

b. ［怖い［おじさんの話］］

「怖い」が「おじさん」だけを修飾するのか、「おじさんの話」を修飾するのかに応じて異なる読みが生じる。そのため、(2a, b) のように、括弧（の「線状的な構造をもつ文章に枝分かれを作」り「区別する」機能）を使って構成要素の関係を明示することにより、曖昧性を解消することができる。従って、場合によっては、括弧の有無が文の文法性を左右することもある。次の例を見てみよう。

(3)　　ほうれん草（ゆがいたもの）を加えます

(4)　　*ほうれん草ゆがいたものを加えます

(3) の括弧内の記述――ゆがいたもの――は、「ほうれん草」の下位クラスを指定し、その範囲を限定するための注釈である。しかし、括弧を除くと、注釈と本文の境界がなくなり、(4) のように、不自然な文が出来上がる。

括弧の「線状的な構造をもつ文章に枝分かれを作る働き」として、もう 1 つ重要なものが、引用符としての働きである。次の例は Bush 元合衆国大統領の元発話 "the terrorists *misunderestimated* me." を伝える引用文である。引用には、(5) の直接話法／直接引用と (6) の間接話法／関接引用の 2 通りがあり、直接話法／直接引用の場合、元発話を引用符―括弧で囲って表示する。

(5)　Bush said: "The terrorists *misunderestimated* me."

(6)　Bush said that the terrorists *underestimated* him.

括弧の有無に拘らず、一見したところ、(5) と (6) はほぼ同じ意味を表しているように見える。しかし、両者は、いくつかの点で一貫した違いを示す。

まず、違いの第一は、(5) は元発話者の発話をただ再現したものである。この場合、(第 1 章で触れた *de dicto* と *de re* を用いて言うと)、(5) の括弧の中身は Bush の言葉を表す言表様相 *de dicto* である。ところが、(5) の Bush の発話には文法上の間違いが含まれている。この状況で、このことを知る話者／著者が間違いを訂正し、(6) のように言った場合、(6) は (Bush ではなく) 話者／著者の言葉を表す事象様相 *de re* として解釈される。The terrorists *underestimated* him は Bush に属する言葉ではない。

第二の違いは、直接引用では、(5)のように、引用句内の誤りが文全体の文法性に影響しないが、間接引用では、(7)が示すように、文全体の文法性に影響するという点である。

　(7)　*Bush said that the terrorists *misunderestimated* him.

　第三に、引用句からの量化表現と不定語の外置に関して、直接引用は、(8)(10)が示すように、外置を認可しないが、間接引用は、(9)(11)が示すように認可する。

　(8)　a.　「何を食べたいの」と彼は言った
　　　 b.　*「食べたいの」何をと彼は言った
　(9)　a.　何を食べたいのと彼は言った
　　　 b.　食べたいの、何をと彼は言った
　(10) a.　「図書館の本を全て読んだ」と彼は言った
　　　 b.　*「図書館の本を読んだ」全てと彼は言った
　(11) a.　図書館の本を全て読んだと彼は言った
　　　 b.　図書館の本を読んだ、全てと彼は言った

　第四に、人称代名詞や時間副詞などのindexicalは、(12)のように、直接引用では元の意味がそのまま保持されるが、(13)の間接引用ではそうとは限らない、という違いがある。

　(12)　太郎$_i$は、「僕$_i$が東京へ行く」と言った
　(13)　?太郎$_i$は、僕$_i$が東京へ行くと言った

これらの直接引用と間接引用の観察から、括弧が、「線状的な構造をもつ文章に枝分かれを作」り「区切る」機能をもち、(括弧が現れない文では妥当と思われる連鎖が、括弧が現れると許されなくなることから窺えるように)、文の構成要素の関係を規定するので、括弧を伴う直接引用においては、括弧の内と外を区別する強めの効果が生じることが分かる*2。以上から、「線状的な構造を持つ文章に枝分かれを作」り「区切る」ことが括弧の概念的な意味である、と考えることができる。

　では次に、これを基礎にして、括弧がもつ他の特性を検証しよう。

2.2　指示と標示

　括弧という概念の中に一緒になって入っている特性を分解すると、

その1つに、Davidson（1979）が指示理論（demonstrative theory）において（14）のように述べる特性がある。

(14) "On the demonstrative theory, neither the quotation as a whole (quotes plus filling) nor the filling alone is, except by accident, a singular term. The singular term is the quotation marks, which may be read 'the expression a token of which is here.'" (Davidson, 1979: 90)

（「指示理論では、引用句（引用符プラスその中身）全体でも、中身だけでも、事故によらない限り、単称名辞にあたらない。単称名辞にあたるのは引用符であり、引用符は「そのトークンがここ（引用符の中身）にあたるような表現である」ことを意味する。）

つまり、括弧は〈括弧の中身である言語表現をトークン（token）として指し示す〉特性をもつということである。従って、括弧の中身を指し示すだけであるという点において、括弧は文全体の真理条件やその背景となるパースペクティブを変えることはない。例えば、(15)の(a)文と(b)文は同じ意味を表していると考えられる。

(15) a. 防衛省幹部によると、最初の灯火は「赤」と「白」で、あたごの右前方に見えたという。　　　　（朝日新聞）
　　　b. 防衛省幹部によると、最初の灯火は赤と白で、あたごの右前方に見えたという。

しかし、括弧を伴わない(b)文よりも、括弧を伴う(a)文の方が、〈赤〉と〈白〉を強調する効果があるように思われる。この点をClark and Gerrig（1990）に従って、もう少し明確にしてみよう。

　Clark and Gerrig（1990）は、"When they (= quotations) are embedded as sentence constituents, they are marked by their syntactic relation to the rest of the sentence. Otherwise, they are identifiable as quotations because speakers have made it manifest that they are depictions and not descriptions."（引用が文の構成素として埋め込まれているとき、引用句は文の他の部分との統語的な関係を介して標示（mark）される。そうでない場合、それら（引

用句）は引用として識別可能なものである。というのは、（そもそも）話者はこれらを記述としてではなく描写（depiction）として提示しているからである。）と述べ、次の"Markedness Principle"（「標示の原則」*3）を提案する。

(16) MARKEDNESS PRINCIPLE:

Whenever speakers mark an aspect of a quotation, they intend their addressees to identify that aspect as nonincidental - that is, as depictive, supportive, or annotative.　　　　　　　　(Clark and Gerrig, 1990: 774)

（話者は、引用句のある様相を標示するときはいつでも、当の様相を非付随的——即ち、描写的、補佐的、あるいは、注釈的——なものとして受け手が認定することを意図している。）

(16) は、Grice (1975) の「量の公理」と「様態の公理」に基づいて、括弧の使用を規定したものであり、括弧を使用する目的は、括弧の中身を標示（mark）して、受け手の注意を最大限ひきつけ、処理効率を高めることにある、ということを意味している。従って、例えば、(17) は (18) のパロディだが、(18) の「悪評」の「評」を「臭」に置き換え、引用符で囲うことにより、トークンとしての「臭」をリアルに再現し、受け手の注意を「臭」に引き寄せる効果を生じていると言えるだろう。

(17) 悪"臭"高い公衆トイレ　　　　　　　（インターネット新聞）
　　(cf. 悪臭高い公衆トイレ)
(18) 悪評高い公衆トイレ

このような効果は、括弧や引用符が線状的な構造をもつ文章に枝分かれを作って他から括弧の中身を区別するという括弧の概念的意味に由来するものであり、(17) のように、語の構成要素の一部を囲うだけでも、括弧の中身を強く標示する効果が生じることになる。

ただ、実際の括弧の使用を調べてみると、括弧は標示効果を生みだすだけで、文の真理条件や解釈に全く影響を与えないというわけではない。次項では、標示以外の機能を見よう。

3. 括弧の2類型

　この節では、文の解釈や真理条件に影響する、という特性をもつ括弧や引用符を取り上げ、括弧の使用には2つのケースがあることを示す。1つは、前節で述べたように、括弧の中身を文の他の要素と区別し、字義通りの意味を与える場合である。もう1つは、括弧の中身がそれ以外の記述とは別の話者や著者（author）をもつことを示して、括弧の中身である記述の解釈の背景となる文脈／パースペクティブをシフトし、文の解釈／真理条件に影響を与える場合である。前節で述べたように、どちらの場合にも共通して見られた、括弧の中身をトークンとして指示し標示する機能は、括弧の概念的意味に由来する。これに対して、本節では、現行の文脈／パースペクティブとは異なる別のパースペクティブを導入し、文の解釈／真理条件に影響を与える括弧の機能は、その中身がどう処理されるかという側面を扱う手続き的意味が関わる問題であることを提案する。

3.1　随意的括弧

　前節では、線状的な構造をもつ文章に枝分かれを作って専ら他から中身を区別するという括弧の概念的意味から説明できる括弧の基本的な特性に焦点を当てた。それとは対照的に、実際の括弧の使用例を観察すると、括弧の中身を他から区別する必要が特に見当たらない場所でも、括弧が使用されている例がある。

　例えば、(19)の野球の試合に関する新聞記事を考えてみよう。

(19) 2打席連続で四球を選んだ後の4回、第3打席。追い込まれたが、慌てない。

　　　「球は見極められている」。7球目の変化球をうまくセンターへ運んだ。　　　　　　　　　　　　　　　　　　（朝日新聞）

(19)と括弧を使用しない(20)を比べるとほとんど同じに見えることから明らかなように、(19)の「球は見極められている」は、独立文を中身としているので、統語論的な見地からこれをそれ以外の文から括弧を付して区別しなければならない必要性は見当たらない。

(20) 2打席連続で四球を選んだ後の4回、第3打席。追い込まれたが、慌てない。
　　　球は見極められている。7球目の変化球をうまくセンターへ運んだ。

(19) の括弧は、「球は見極められている」を他の文から区別するために使用されているのではないように思われる。では、この括弧使用はどのように考えればよいのだろうか。上記の Davidson (1979) の指示理論に従えば、括弧の役割は「球は見極められている」というトークンを指し示すことにあるということになる。とすると、なぜ指し示すのか、という理由を考えなければならない。そこで例えば、Clark and Gerrig (1990) の標示理論に従って、括弧の中身（の言語表現）を際立たせ、受け手の情報処理効果を高めるためだ、と考えることもできる。しかし、(20) と (19) の間で処理効果に特に差があるとは思えない。むしろ、括弧のない (20) の方が、処理し易いと言えるかもしれない程である。このように、(19) の括弧が情報処理効果を特段高めるわけではないことを考えると、標示理論もとるべき道ではないことが分かる。

　また、もし括弧で囲うことによって、その中身が当の選手の元発話の直接引用であることを示しているのだとすれば、(19) に引用動詞「〜と言った／と思った」を付加することができるはずである。しかし、この予測に反して、実際には、(21) のように奇妙な文が出来あがる。

　(21) 2打席連続で四球を選んだ後の4回、第3打席。追い込まれたが、慌てない。
　　　選手は「球は見極められている」と｛言った／思った｝。7球目の変化球をうまくセンターへ運んだ。

(21) の不自然さは、第3打席の状況を一球毎に描写する地の文に、突如、選手の発話が直接引用されるという文体上の不自然さだけでではない[*4]。それに加えて、追い込まれた選手がバッター・ボックスで「球は見極められている」と発言するとは考え難いということもある。

3.2　語用論的括弧

そこで、(19)の括弧使用の根拠として、直接引用と間接引用が混在する(22a, b)のような混合話法(blended speech)を考えてみよう。

(22) a.　明後日までにこの仕事をやれと部長に言われた
　　　b.　彼はヤツの家に何時に来いと言ったのか

(22a, b)では、間接引用の中に、「部長」や「彼」の元発話である「この仕事をやれ」「来い」が混入されている。つまり、(22a, b)は、現行の発話行為の話者のパースペクティブに基づいた記述内容を表す *de re* に、「この仕事をやれ」「来い」という「部長」「彼」を元発話者とする一人称発話を表す *de se* が混在する混合話法の例である。ここで *de se* というのは、例えば、Amharic 語の(英語の逐語訳にあたる)"John$_i$ says that "I$_i$" am a hero."のthat節中の"I"が主文主語のJohnを指し、「自分は英雄だ」という読みをもつように、現行の発話行為の発話文脈ではなく、被伝達部に含まれる元発話の発話文脈に相対的に解釈される読みを指す(*de se* 読みについては、4.1項で詳しく説明する)。第1章でも触れたように、一般的に間接引用は話者のパースペクティブを反映した *de re* 読みをもつ。ところが、(22a, b)では、*de re* の中に *de se* が混在するという複雑な構造になっている。

これと同じ構図を(19)に適用してみよう。(19)は著者のパースペクティブに基づいた *de re* の記述内容をもつ文の集合体である。しかし、括弧に囲われた記述だけは、非明示的な文主語の「選手」による選手自身についての一人称発話を表し、*de se* の読みをもつ、ということになる。このような(19)の括弧は、「2打席連続で四球を選んだ後の4回、第3打席。追い込まれたが、慌てない。…7球目の変化球をうまくセンターへ運んだ。」という記者のレポートに、(例えば、試合後のインタヴューで記者の「あの場面ではどうだったんでしょうか」といった質問に答えた)選手の元発話を注釈として挿入するための装置としての役割をもつ、と考えられる。

もう一例見てみよう。(23)では、野上社長を元発話者とする直接引用文に含まれる形容動詞の語幹「ええ加減」が『』で囲われ

ている。ここでは「ええ加減」だけが唯一の方言表記であり、別の言葉で言うと、(23)では方言が括弧で囲われている、ということになる。

 (23) 野上徹社長は「大阪は無名でもいいモノならおもしろがってくれる。ビジネスにとらわれない『ええ加減』な感覚が残っているからでは。」(と言った。) 　　　　（朝日新聞）

『　』の役割を直接引用の標識と仮定して引用動詞を付加してみると、次のようになる。

 (24) 野上徹社長は「大阪は無名でもいいモノならおもしろがってくれる。ビジネスにとらわれない、野上徹社長が『ええ加減』なと｛言う／言った｝感覚が残っているからでは。」(と言った。)

(23)は明らかに野上社長の元発話の直接引用文である。それにも拘わらず、さらに『ええ加減』に〈～と言う〉を付加すると、(24)のように、〈野上社長が～と言ったと野上社長が言った〉となり、玉ねぎの皮むきのように同じフレーズ（「野上社長が～と言った」）が無限に繰り返されるという意味で意味解釈が前に進まず、無限に後退を繰り返す文が出来上がる。これが(24)の奇妙さの原因であると考えられる。鎌田 (2000) によれば、書き言葉に導入される話し言葉や方言は、間接引用に直接引用を混入する、つまり、混合話法を作る効果をもつ、と言う。しかし、（間接引用ではなく）直接引用に直接引用が混入されている(24)は混合話法の例であるとは見なせない。ただ、『ええ加減』の元発話者が野上社長以外の誰かであると考えると、次のように、〈○○が～と言ったと野上社長が言った〉となり、少なくとも無限後退からは脱出できるようになる。

 (24)' 野上徹社長は「大阪は無名でもいいモノならおもしろがってくれる。ビジネスにとらわれない、○○が『ええ加減』なと｛言う／言った｝感覚が残っているからでは。」(と言った。)

ではこの場合、『ええ加減』の元発話者は誰なのだろう。「ええ加減」を括弧で囲ったのは報告者であることを考慮すると、1つの可

能性として考えられるのは、(「ええ加減」が大阪人のある属性を表す表現であると見なすなら)、それは「世間一般／人々」のようなものではないか、ということである。とすると、(23)では、野上社長の「大阪」に関する元発話の一部である「ええ加減」を括弧で囲うことにより、「{所謂／例の／あの}『ええ加減』な…」という著者の注釈が『』によって挿入されていると考えられることになる。

　もし(19)や(23)の括弧の有無が文の解釈や文法性に影響を与えないのであれば、これらは文字通り、あってもなくてもよい「随意的括弧」である。しかし、他方で、これらの括弧に、その中身が報告者や野上社長とは別の話者や著者(author)をもつことを示唆する効果があるとすれば、これらの括弧は、(2)や(3)のような非随意的な括弧とは根本的に異なるものだと考えなくてはならない。後者の考えが妥当であることは、(19)から括弧を除去した先程の(20)(以下に再録)では記者以外の話者を、また、(23)から括弧を除去した(25)では野上社長以外の話者／著者をそれぞれ想起することができなくなるという事実によって確かめることができる。

(20) 2打席連続で四球を選んだ後の4回、第3打席。追い込まれたが、慌てない。
　　　球は見極められている。7球目の変化球をうまくセンターへ運んだ。

(25) 野上徹社長は「大阪は無名でもいいモノならおもしろがってくれる。ビジネスにとらわれないええ加減な感覚が残っているからでは。」(と言った。)

つまり、これらの「随意的括弧」は、括弧の中身の話者を現行の話者からそれ以外の誰かにシフトする役割を担っている、と言えるだろう。

　このような視点から見ると、例えば、(26)の引用符(" ")も、正に随意的な括弧として、"コントロール下にある"を囲うことで、元発話者である「首相」のパースペクティブとは別の、報告者のパースペクティブを新たに導入してパースペクティブ・シフトを引き起こし、文の解釈に影響を与える効果をもつ、と見ることができる。

（26）首相が"コントロール下にある"と確言した汚染水

別の言葉で言えば、(26) では、語彙項目から導出される字義通りの"コントロール下にある"に加えて、それと対立する"コントロール下にない"汚染水の実態が示唆されている。これは、主語の「首相」ではなく、報告者のパースペクティブを反映する de re へのシフトが与えた効果であり、標示理論や指示理論では説明できない読みである。

従って、括弧には少なくとも2種類の括弧があることが分かる。(括弧の中身を他と区別するために使用される点では同じだが)、1つは、パースペクティブや文脈をシフトせず、字義通りの解釈を与える括弧である。今1つは、パースペクティブや文脈をシフトし、括弧の中身の解釈に影響を与える括弧である。ここでは、前者を「統語論的括弧」、後者を「語用論的括弧」*5 と呼ぼう。上記の (15a) (17) は「統語論的括弧」に、一方、(19) (23) (26) は「語用論的括弧」にそれぞれ分類されることになる。

以上、この節では、括弧には「語用論的括弧」と「統語論的括弧」があり、一括りにして捉えられるものではないことを確認した。次節では、これまで議論されてこなかった「語用論的括弧」の特性を詳しく調べ、手続き的意味から語用論的括弧の機能を説明できることを示そう。

4.「語用論的括弧」の語用論

この節では、「語用論的括弧」の意味機能を詳しく調べるために、よく似たふるまいを示すと考えられる logophoric pronoun の意味機能と比較する。さらに、英語やフランス語の引用符に関する Récanati (2000) の分析にも言及する。それらを踏まえた上で、「語用論的括弧」の手続き的意味を具体的に示す。

4.1 Logophoric Pronoun De Re と De Se

パースペクティブ・シフトという視点から見ると、「語用論的括弧」は、Schlenker (2003) が Amharic 語や Engenni 語、Aghem

語等の言語の報告文の補文に生起すると言う I や you などの *logophoric pronoun* と呼ばれる代名詞とよく似たふるまいを示すように思われる。Clements（1975: 171）によれば、通言語的に見て、*logophoric pronoun* は次のような特性をもつ、と言う。

(27) (i) logophoric pronouns are restricted to a reportive context, transmitting the words or thought of an individual or individuals other than the speaker or narrator;

(ii) the antecedent does not occur in the same reportive context as the logophoric pronoun;

(iii) the antecedent designates the individual or individuals whose words or thoughts are transmitted in the reportive context in which the logophoric pronoun occurs.

一般的に、報告や引用の対象となる文には、*de dicto*（言表様相）と *de re*（事象様相）の2通りの読みがあると言われている。次の例を見てみよう。第1章で触れたように、(28) のような信念文は2通りに解釈できる。

(28) Ralph believes / says that the man in the brown hat is a spy.

1つは、Ralph が茶色の帽子をかぶった男をスパイだと思っているという読みで、Ralph の信念を表す。ただし、(28) には、この男は Orcutt という名の人物であるが、Ralph はそのことを知らない、という設定がある。この状況で、このことを知る話者が (29) を発話した場合、(29) は (28) と同じ意味に解釈されるが、このとき、(29) は話者の信念を表す事象様相 *de re* として解釈される。

(29) Ralph believes / says that Orcutt is a spy.

つまり、*de re* では、話者は that 節の内容を知っているが、他方で、主文主語の Ralph は that 節の内容を知らないということになる。この2つの解釈とは別に、主文主語の Heimson が自身について抱く信念を語る／表す (30) は、*de se* として解釈される。

(30) Heimson believes / says that he is Hume.

(30) は Heimson による Heimson 自身についての信念の表示である。(29) が *de re*、(30) が *de se* であるが、その違いは that 節の記述内容が、主文主語自身についての信念／発言であるのか、他者についての信念／発言であるのか、の一点にある。

De se の例としてよく使われるものに、先に触れた Amharic 語の例がある。Amharic 語では、(31a) の英語の逐語訳のように、that 節中の "*I*" が主文主語の John を指し、that 節が「自分は英雄だ」という John の一人称発話を表すが、この解釈が *de se* である。(この場合、英語では、一人称代名詞 *I* は不適切であり、(31b) のように、*he* が使用されなければならない。)

(31) a. John$_i$ says that "I$_i$" am a hero.
　　　b. John says that he is a hero.

日本語の *logophoric pronoun* としては、埋め込み文に生起する (32a) の「自分」がある。「自分」は、その指示対象が名詞補文の内容 {を知っている／に気づいている／を直接感じている} 場合に使用できるという分布条件をもつ (Kuno, 1972)。そのため、(32a) には、ジョンはその女が彼を嫌っていることを認識していた、というニュアンスが生じる。しかし、(32b) にそのような読みが生じるかどうかは文だけを見ていても分からない。

(32) a. ジョンは自分を嫌っている女と結婚した
　　　b. ジョンは彼を嫌っている女と結婚した

それでは、*logophoric pronoun* と同じように、「語用論的括弧」も *de se* 読みを与える機能をもっているのだろうか。この点をもう少し詳しく見てみよう。

Schlenker (2003) は、現行の発話行為の一人称話者を ⟨+author*⟩、現行の発話行為以外の発話行為の話者を ⟨+author⟩ とし、これらの意味素性を組み合わせて、例えば、(31a) (= (33a)) の *logophoric pronoun* を (34) のように規定する。(c は文脈変項、s は話者を表す。また、ι 演算子は自由変項を閉じる閉包であるので x は自由ではない。)

(33) a.　John$_i$ says that I$_i$ am a hero. (Amharic)
　　　b.　Say $_{\langle John, \cdots, \cdots \rangle}$ c$_i$ hero (ι x {+author (x, c$_i$)}$_{\cdots}$, $\cdots$)
(34) [[ι x {+author (x, c$_i$)　∧ -author* (x, c$_i$*)}]] $^{c, s}$ is undefined unless there is exactly one individual that is both (i) the author of s(c$_i$) and (ii) not the author of S(c$_i$*).

(34) は、*logophoric pronoun* が、被引用句の元発話の発話行為の話者（⟨author⟩）を指し、かつ、その指示対象が現行の発話行為の話者（⟨author*⟩）にあたらない場合に認可されることを表している。従って、(34) に従えば、現行の発話行為の話者を指す英語や日本語の一人称代名詞が *logophoric pronoun* として使用されることはない*6。

　以上を踏まえて、(34) を日本語の一人称話者の「私」と (19) の語用論的括弧の中身の元発話者である「選手」にあてはめると、「私」と「選手」の意味は次のようになる。

(35) a.　私　: ι x {+author (x, c$_i$) ∧ +author* (x, c*)}
　　　b.　選手: ι x {+author (x, c$_i$) ∧ -author* (x, c*)}

(35b) は (34) と同じ ι x {+author (x, c$_i$) ∧ -author* (x, c*)} の組み合わせになることから、語用論的括弧が、*logophoric pronoun* と平行的に、被引用句に *de se* 読みを与えることが確認できる。では、語用論的括弧は常に被引用句に *de se* 読みを与えるのだろうか。このことを頭に置いて、次項では、Récanati (2000) の ⟨*open quotation*⟩ と ⟨*closed quotation*⟩ の分析を見ることにしよう。

4.2　⟨Open Quotation⟩ と ⟨Closed Quotation⟩

　Récanati (2000) によると、英語やフランス語の引用符には、⟨*open quotation*⟩ と ⟨*closed quotation*⟩ と呼ばれる2種類の引用符がある。例えば、(36) の引用符は、発話を標示すること (depiction) だけを目的として使用され、パースペクティブ・シフトを引き起こさない ⟨*open quotation*⟩ の例である、と言う。

(36) Stop that John! "Nobody likes me." "I am miserable." Don't you think you exaggerate a bit?　　　　　　　　　(Récanati, 2000)

一方、(37) の引用符は、被引用句を指し示すだけでなく"John keeps crying and saying ……."という文を完結させる働きをもち、パースペクティブ・シフトを引き起こして"Nobody likes me"を John の一人称発話として表示する〈closed quotation〉の例である、と言う。

(37) John keeps crying and saying "Nobody likes me."

(Récanati, 2000)

このような〈open quotation〉と〈closed quotation〉の違いは、パースペクティブ・シフトの有無に還元されるので、この点について、〈open quotation〉と「統語論的括弧」、および、〈closed quotation〉と「語用論的括弧」はそれぞれペアをなす、と考えられる。また、(37) の〈closed quotation〉内の被引用句は、元発話者の John による John に関する一人称発話であることから、de se として解釈され、(19) の「語用論的括弧」も de se として解釈されることは既に確認した通りである。

しかしながら、これには注意が必要である。なぜなら、実際には、de se だけが「語用論的括弧」の与える読みではないからである。例えば、先程の (26)(以下に再録)に戻って言うと、(26) の被引用句は、字義通りに読めば、主語である元発話者の発話を再現した de dicto*7 として解釈される。

(26) 首相が"コントロール下にある"と確言した汚染水

しかし、(26) から読み取れるもう1つの読みは、"コントロール下にない"という読みである。これは、"コントロール下にある"が成り立つ首相のパースペクティブから、それが成り立たないとする現行の発話行為の話者のパースペクティブへとシフトした結果生じた読みであり、この場合、(26) の被引用句は de re に解釈される。

しかも、de re 読みを与える語用論的括弧は、(26) だけではない。先程の (23) をはじめ、他にも多くの例がある。例えば、(38a–c) の「バラ色の未来」「常識」「同期旅行」「戦闘地域」の括弧も、主語(＝元発話者)の〈町〉〈内定者〉〈イラク特措法〉から著者にパースペクティブをシフトさせ、「バラ色の未来」「常識」「同期旅行」

「戦闘地域」が主語のパースペクティブでは字義通りに解釈されるとしても、著者のパースペクティブではそうとは限らないという読みを示唆している。これも話者のパースペクティブを主語のパースペクティブに挿入する、という意味で de re に属する読みである。

(38) a. 町が描く「バラ色の未来」の原案に、住民代表の審議会がお墨付きを与える。議会は見ているだけ。そんな総合計画の「常識」を覆し、議会が対案を書いたのだ。
b. 内定者が自発的に企画する「同期旅行」もある
c. イラク特措法の言う「戦闘地域」にあたる

ここで、語用論的括弧によるパースペクティブ・シフト後の被引用句の解釈をまとめると次のようになる。

(39) 〈シフト後の読み〉
(19)： de se
(23)： de re
(26)： de re
(38a–c)： de re

〈*closed quotation*〉： de se

(39) から、パースペクティブ・シフトが生じる被引用句の解釈パターンがばらつきを示すことが見て取れる*8。どの例にも共通するのは、パースペクティブのシフトに伴い被引用句の解釈もシフトするという一点だけで、*de re* → *de se* の場合があれば *de se* / *de dicto* → *de re* の場合もあり、どちらか一方にシフトの方向が固定されているわけではない。そこで、シフトによって新たに導入されるパースペクティブを「焦点領域（Focus Domain）」と呼ぼう。次項では、以上を踏まえて、語用論的括弧が当該の文脈でどのように扱われるのか、その手続き的意味について考察する。

4.3 「語用論的括弧」の手続き的意味

先程の (26) のような例では、被引用句の真理条件が、パースペクティブ・シフトを介して逆転した。このことは、見方を変えれば、シフトによって新たに導入されるパースペクティブ――「焦点

領域」――は、(シフト以前の) 現行のパースペクティブの背景 (以下では、「Common Ground」と呼ぶ) に含まれていないパースペクティブであることを意味している。従って、被引用句の解釈や真理条件が依存するパースペクティブを現行のパースペクティブから焦点領域のパースペクティブにシフトする語用論的括弧の機能について次のように述べることができるだろう。

(40) 語用論的括弧は、焦点領域のパースペクティブを Common Ground に付加する機能をもつ。

(40) は、(39) で観察されたシフトのばらつきをうまく捉えることができる。これが語用論的括弧の手続き的意味の第一条件であると考えられる。また、前項で触れた通り、*de re* は、元発話者のパースペクティブから、焦点領域として想起された対比パースペクティブ (即ち、現行の発話行為の話者のパースペクティブ) へのパースペクティブ・シフトによって与えられ、*de se* は、その逆方向のパースペクティブ・シフトによって与えられる。このように、*de re* か *de se* かに関わりなく、誰のパースペクティブが括弧の中身の評価文脈であるのか、即ち、括弧の中身の話者／著者パラミター (のシフト) に解釈が依存する、という事実から、語用論的括弧の手続き的意味の第二条件として次のような処理条件を示すことができる。

(41) 語用論的括弧の中身は、焦点領域のパースペクティブに基づいて処理されなければならない。

さらに、語用論的括弧は Common Ground を拡張するので、手続き的意味の第三の条件として、次のような語用論的括弧の分布上の制約を示すことができる*9。

(42) a. Common Ground に当該記述の焦点領域が含まれている場合、統語論的括弧が使用される。
   b. 語用論的括弧の使用は、当該記述の焦点領域が Common Ground に含まれていない場合にのみ適切である。

これにより、統語論的括弧と語用論的括弧の使用条件の違いについても明確な説明を与えることができる。ただ、(42b) は十分条件

である。そのため、焦点領域がCommon Groundに含まれていないときには常に語用論的括弧を使用しなければならない、というわけではない。その使用はあくまでも随意的なもので、著者の判断に依存するものである。

では、語用論的括弧がもつ、この手続き的意味が既に検討したデータ以外の語用論的括弧の使用例にも共通して適用できるものであるかどうかを調べるために、以下では、上で検討した例以外の事例に現れる語用論的括弧を考察してみよう。

まず、(43)のような例を考えてみよう。

(43) 3年次といえば、彼ら・彼女らがまさに「大学生になる」時期である。　　　　　　　　　　　　　　　　　　　(朝日新聞)

(43)は大学生の就職活動の開始時期についての一文である。ここでは、焦点領域を形成する「大学に入学した時点で大学生になる」わけではないと見る著者(のパースペクティブ)と、「大学に入学した時点で大学生になる」と見る世間の常識(Common Ground)とのズレが括弧によって示されている。即ち、この括弧は直接引用の引用符としてではなく、著者のパースペクティブ(焦点領域)にアクセスするための装置として使用されている、ということである。では、〈引用の「と」〉と共起する場合はどうなるのだろう。

一般的に〈引用の「と」〉は発話動詞や思考動詞と共起して被引用句を導入する。例えば、(44a)は間接引用の例である。また、(44b)のように「経済が回復期に入った」と統語論的括弧で囲うと直接引用になる。

(44) a.　首相は経済が回復期に入ったと指摘した
　　　b.　首相は「経済が回復期に入った」と指摘した

(44a, b)では、どちらの例でも主文主語の発話内容が引用されている。ところが、(45)の「やっぱり」は、主文主語「疑念を抱いていた人々」の思考内容や発話内の要素ではない。

(45) 自衛隊が派遣されて4年。長年、疑念を抱いていた人々も「やっぱり」という思いを深めたのでは……　(朝日新聞)

むしろ、「やっぱり」は著者の一人称発話の要素であると考えられる。従って、ここで語用論的括弧がしていることは、(〈引用の

「と」〉があるにも拘らず)、「やっぱり」の元発話者を主語の「疑念を抱いていた人々」から著者にシフトし、著者のパースペクティブを焦点領域として Common Ground に導入することだと考えられる。

しかし、いつも著者のパースペクティブが焦点領域を形成するとは限らない。これとは逆に、著者のパースペクティブが現行のパースペクティブ、即ち、シフトされる側になっているという場合もある。(46)を見てみよう。

(46) いわゆる「ねじれ国会」のプラスの側面として、このルールづくりは評価したい。　　　　　　　　　　(朝日新聞)

(46)は"世間で言われている／俗に言う"ことを意味する「いわゆる」に続いて括弧が現れる例である。この括弧は、ただ指示し標示するためではなく、「ねじれ国会」という語が著者の用語ではなく、一般社会から借用した用語であることを示すために、著者から一般社会に著者権をシフトするための語用論的括弧であると思われる。これを一般には引用、と呼ぶのだが、著作権のシフトという視点から見れば、このように説明できるということである。

同じことは、次の例にもあてはまる。

(47) 日銀総裁は国会に参考人として呼ばれ、金利政策や経済の現状認識について意見を聞かれることはよくある。毎月の記者会見でも同様だ。こうした場での発言などを通じて、総裁は「市場との対話」を重ねていく。　　(朝日新聞)

(48) 政治の先行きが読み切れない中で、与野党の議員が時間を持て余して接触しているのが、再編騒動の正体だろう。「再編ごっこ」にすぎないのだが…。「ごっこ」で政治は動かない。　　　　　　　　　　　　　　　　　(朝日新聞)

「市場との対話」や「××ごっこ」も、一般社会で使用されている用語であり、ここでの括弧も、括弧の中身が著者の用語ではないこと、即ち、著者から一般社会への著作権のシフトを表すために使用された語用論的括弧であると考えられる。

このように、語用論的括弧は、現行のパースペクティブをシフトさせる機能を基本とする。ただし、上述したように、著者パラミタ

ーのシフトに伴って生じる括弧の中身の評価文脈としてのパースペクティブのシフトによって、*de se* 読み、*de re* 読みがそれぞれ形成されることになる。とすると、どちらの場合にも、語用論的括弧は、受け手に対して対比パースペクティブの想起を要求する、ということが考えられる。そこで、語用論的括弧のこのような文脈効果を手続き的意味の第四の条件として示すと次のようになる。

(49) 語用論的括弧は、現行のパースペクティブの対比パースペクティブを焦点領域のパースペクティブとして想起することを受け手に要求する。

以上、この節では、語用論的括弧の統語論的括弧にはない特徴が手続き的意味として説明されることを示した。概念的意味と共にまとめると次のようになる。

(50) 概念的意味：括弧は、線状的な構造をもつ文章に枝分かれを作り、当該記述を他と区別する。

手続き的意味：
(1) 語用論的括弧は、焦点領域のパースペクティブを Common Ground に付加する機能をもつ。
(2) 語用論的括弧の中身は、焦点領域のパースペクティブに基づいて処理されなければならない。
(3) a. Common Ground に当該記述の焦点領域が含まれている場合、統語論的括弧が使用される。
b. 語用論的括弧は、当該記述の焦点領域が Common Ground に含まれていない場合にのみ適切である。
(4) 語用論的括弧は、現行のパースペクティブの対比パースペクティブを焦点領域のパースペクティブとして想起することを受け手に要求する。

表層文（の語彙項目）に関わる概念的意味が統語論的括弧と語用論的括弧に共通の意味特性であるとすると、手続き的意味は、括弧の中身の解釈の背景となるパースペクティブを操る語用論的括弧の意味特性を説明するものである。

5. おわりに

　本章では、引用符／括弧とは一体何者であるかを解明することを通して、括弧の引用符に留まらない多様な意味機能を明らかにした。括弧には、線状的な構造をもつ文章に枝分かれを作り、区切るという概念的意味と、括弧に埋め込まれた当該の言語表現をどう解釈するかという処理のプロセスに指示を与える手続き的意味の2つの側面をもつ。前者は、原則として括弧一般に観察される意味特性であり、後者は括弧に埋め込まれた当該の言語表現を、それが含まれる文の背景となる現行のパースペクティブではなく、焦点領域を形成するパースペクティブに基づいて処理することを求めるものであった。そして、焦点領域を形成するパースペクティブは、現行のパースペクティブではなく、その対比パースペクティブである、ということについても明らかにした。

　括弧はどれも区切りを作る概念的意味を有するが、その上に、文の構成要素の関係を規定する括弧と、括弧内の要素の解釈の背景となるパースペクティブ（あるいは、文脈）を操り、当該記述の解釈に影響を及ぼす括弧があることを明らかにし、前者を「統語論的括弧」、後者を「語用論的括弧」と呼んで、区別した。統語論的括弧に比べて語用論的括弧はこれまでの研究で考察の対象となったことがほとんどなく、存在もあまり知られていない。そのため、混合話法や *logophoric pronoun* などのふるまいや意味特性を参照することにより、語用論的括弧のパースペクティブを操る機能や分布条件が、手続き的意味によって捉えられ、説明されることを示した。具体的には、(50) の (1) ～ (4) に示したとおりである。

　括弧が、本章で指摘したような語用論的括弧としての意味をもつことは、多かれ少なかれ直感的な問題として把握されてきた。しかし、その実態と背景にあるメカニズムを明示的に説明したものは、筆者の知る限り、これまでないように思われる。また、木村（2011）が明らかにした「括弧率」（1節）の上昇が主に語用論的括弧に見られる現象であるとすれば、語用論的括弧の内包的演算子としての特性が、当意即妙に話者の注釈を差し挟むことを可能にす

る手段を与えたことにその要因の1つがある、と言えるかもしれない。次の章では、対比パースペクティブの伴立が、他の言語現象においても同様に、*de re* 読みの導出に関して決定的な役割を果たしていることを示す。

---

*1　Common Ground は "the set of speaker's presuppositions" とも言われ、Stalnaker（1978）によれば、その真理条件が当該会話の背景の部分として捉えられる命題の集合にあたる、と言う。具体的には、会話の参与者に共有されている "mutual knowledge / common knowledge" に対応すると考えられている。
*2　これらの括弧の特性は、Quine（1940）、Tarski（1933）らによって、括弧の機能は、閉じた表現を表す名前／記述の形成にある、とする固有名説（Proper Name Theory）の根拠となるものである。
*3　"markedness" の「標示」という訳語は、鎌田（2000）の訳を採用したものである。
*4　(21) の不自然さは、Grice（1975）の「協調の原則」（cooperative principle）の下位原則の1つである「表現方法の原則―的確な表現を用いよ―」への違反としても説明することができる。
*5　「統語論的括弧」「語用論的括弧」の名称は、Yamamori（2008a, 2009, 2012）、山森（2008b）、山森（2014）に基づいている。なお、木村（2011）では、「語用論的括弧」ではなく「意味論的括弧」という用語が使用されている。
*6　日本語は（i a）が示すように、間接引用の場合、「私」が元発話者の「太郎」を指すことはない。元発話者の「太郎」を指すことができるのは、(i b) の直接引用の場合に限られる（中園, 2006）。
　　（i）太郎は私が東京へ行くと言った
　　　a. Taro$_i$ said that I$_t$ would go to Tokyo.（間接引用）
　　　b. Taro$_i$ said: "I$_i$ will go to Tokyo".（直接引用）
*7　この場合、(26) の引用符は、「語用論的括弧」ではなく「統語論的括弧」として使用されていることになる。
*8　より厳密に言うと、現行パースペクティブから対比パースペクティブへとパースペクティブがシフトする場合には *de re* 読みにシフトし、話者もしくは著者のパラミターだけがシフトする場合には *de se* 読みにシフトしている。この点については、次項で触れる。
*9　第4章で触れるが、以下の (i)(ii) は Schlenker（2003）による直説法と接続法の規定である。(s(w) は問題となっている当の世界を指す。（ちなみに、本論では世界という語を用いず状況／文脈／パースペクティブなどとも言う）。また、+indicative^{2*}(w) は直説法の素性、-indicative^{2*}(w) は接続法の

素性を表している。

(i) $[[\text{w \{+indicative}^{2*} \text{(w)\}}]]^{c,s}$ is defined only if s(w) is in the Common Ground of c. If defined, $[[\text{w \{+indicative\}}]]^{c,s}$ = s(w)

(ii) 'w {-indicative^{2*} (w)}' can be used only if marking 'w' with +indicative^{2*} in the same Logical Form would result in a presupposition failure.

一見したところ、(i)(ii) と（42a, b）はよく似た条件を示す。ただし、接続法が一定の動詞の補文に限定して現れるのに対して、語用論的括弧はどのような統語的位置にも現れることができ、この点に関して、両者は大きく異なる。

第3章
「埋め込み節事象先行型*1 活動動詞ル形＋カラ節／ノデ節」の時制解釈

　この章では、活動動詞ル形を主動詞とするカラ節／ノデ節事象が主節事象に先行する〈埋め込み節事象先行型〉解釈が生じる現象について考察する。〈埋め込み節事象先行型〉過去時を表す活動動詞ル形は、カラ節／ノデ節と引用のト節で認可される。しかし、この解釈は、〈相対的テンス〉と言われる主節時を基準とする通常の時制解釈とは大きく異なるものであり、カラ節／ノデ節と引用のト節以外の環境では容認されない。それでは、この活動動詞ル形を認可する仕組みはどのようなものだろうか。〈埋め込み節事象先行型〉過去時を表すカラ節／ノデ節では、通常、活動動詞タ形が選択される。活動動詞のル形が認可されるのは、話者がカラ節／ノデ節の元発話者として自身を情報源とする記述内容を表す場合、つまり、カラ節／ノデ節と主節の間にパースペクティブの不一致が生じる場合に制限される。この分布条件が示していることは、ある記述の真偽はその記述の評価文脈／パースペクティブを見なければわからないように、埋め込み節の時制も基準時を必要とするのだが、「ル＋カラ節／ノデ節」と主節のパースペクトの間に齟齬がある場合、主節時を基準時にすることはできず、パースペクティブの上書きを行う必要がある、ということである。では、どのパースペクティブにシフトして基準に据えるかというと、それは「ル＋カラ節／ノデ節」の記述内容の元発話者の発話文脈でありパースペクティブであると思われる。本章では、以上のような視点から、「ル＋カラ節／ノデ節」に〈埋め込み節事象先行型〉過去時の解釈がどのような特性や論理構造から生じるのかを、間接話法に直接話法が混在する混合話法におけるパースペクティブ・シフトとリンクさせつつ議論する。そして、(パースペクトが異なれば異なる真理値をとる)「命題概念」を表示するル形の意味特性が現象の鍵であることを明らかにする。

1. はじめに

あることを述べる時、我々の言葉はその内容の背景となっている文脈やパースペクティブをもっている*2。例えば、「今・ここ・あなた」などのindexicalや「行く・来る」などの移動動詞はその意味内容の決定に発話文脈が関係する。こうした文脈は"評価文脈"（context of evaluation）と呼ばれ、中でも、当の発話／文が誰のどのようなパースペクティブに基づいて記述されたかはその重要な要素である。そのため、Kaplan（1977, 1989）が、当該文脈とは別の文脈に基づいて指示対象を指定する要素をモンスターと呼んで排除したように、発話／文の理解には、1つの文の中では常に一定のパースペクティブが保持され、異なるパースペクティブの混在やパースペクティブ・シフトが生じないというパースペクティブの一貫性が求められる。

パースペクティブは話者以外にも多様な要素によって構成される。ここでは、パースペクティブを「（パースペクティブ保持者の）語彙、思考、知識、感情、知覚、および空間―位置を含む」概念として捉えることにする*3。

パースペクティブの一貫性が重要であることは、信念や他者の発話を報告する信念文や報告文にも当てはまる。例えば、(1)の元発話がJohn自身の発話である(2)と同じ内容をもつ時、(1)は *de dicto*（言表様相）として解釈される。この場合、(1)の話者は(3)の通り被伝達部の適切さを否定できるように、被伝達部がJohnの発話であることを主張するだけで被伝達部の記述の適切さに対してコミットするわけではない。

(1) John said that he had seen the man who lives at 19 Cap St.

(2) I saw the man who lives at 19 Cap St.

(3) John said that he had seen the man who lives at 19 Cap St. But the man he had in mind really lives on Passy St.

一方、Johnの元発話が(4)の場合、(1)の主節主語Johnが被伝達文の内容を知っているとは限らない。(5)のような連鎖が可能であるように、(1)の"the man"と(4)の指示対象は同じでもそ

の内容は異なるからである。この時、(1) は de re（事象様相）として解釈される。

(4) I saw Bill Thomas.
(5) John said that he had seen the man who lives at 19 Cap St. But he doesn't know that he lives there.

De re（事象様相）の被伝達部は現行の発話行為の話者のパースペクティブに基づいて記述されており、話者はただ伝えるのではなくその内容にコミットすることになる。しかし、実際はもう少し複雑である。自然言語には (6) のように、間接話法の中に主語・田中君の（一人称）発話が混在する所謂〈混合話法〉(blended speech) なる文が存在する。

(6) 昨日、田中君は今日自分の家から東京へ行くと僕に言った

そのため、「x believes／says that y believes／says that z believes／says that…」と被伝達文を無限に埋め込める信念文や報告文では、被伝達部の元発話者が誰かに応じて解釈（de se か de re か）が変化する。同じことは時制にも当てはまる。一般的に、日本語の〈絶対的テンス〉を表す単文では、(7) のように単文において主動詞が活動動詞の場合、ル形は発話時より後に位置する非過去時、タ形は発話時より前に位置する過去時を表す。

(7) a. 明日ハイキングに行く／b. 昨日ハイキングに行った
c. *明日ハイキングに行った／d. *昨日ハイキングに行く

一方、〈相対的テンス〉を表す埋め込み節では、(8) のように主動詞が活動動詞の場合、ル形は主節時より後、タ形は主節時より前の時点を指すことになる。

(8) a. 花子は、フランスに行く時、カバンを買った
b. 花子は、フランスに行った時、カバンを買った

時制の同定について、(7) では発話時、(8) では主節時が参照時 (reference time) であるが、概して次のように一般化できる*4。

(ア) 活動動詞タ形は参照時より前の時点を表す
(イ) 活動動詞ル形は参照時より後の時点を表す

これが典型的な活動動詞のル形とタ形の意味だと考えられる。この限りにおいて、単文・複文に関わらずパースペクティブの一貫性は

損なわれない。

しかし、実際には時制もそれほど単純ではない。例えば、カラ節／ノデ節固有の現象として、(9a, b)のように主動詞の活動動詞ル形が主節時より前の時点を表す場合がある（沈, 1984、岩崎, 1994）。

(9) a. Ken-wa kinoo takusan tabe-ru kara, onaka-ga itakunar-u nda
（ケンは昨日たくさん食べるから、お腹が痛くなるんだ）
（食べる＜痛くなる） (Tamura, 2009)

b. 昨日、妻があまり八釜しく言うので、私はその夕暮れ、レントゲン写真をもって勝呂医師をたずねた
（言う＜たずねた） (岩崎, 1994)

(9a, b)では、「カラ節／ノデ節」事象の生起時間が「カラ節／ノデ節」内の時間副詞「昨日」に即して解釈される*5。この「カラ節／ノデ節」内の主動詞を担う活動動詞ル形「食べる／言う」の時制解釈の基準は、主節時でも発話時でもない点で(ア)(イ)と異なり〈絶対的テンス 対 相対的テンス〉という考え方でストレートに説明できるものではない。しかも、「ル＋カラ節」の特殊性はそれだけではない。(9a)と「タ＋カラ節」の(9'a)を比べてみよう。

(9)' a. ケンは昨日たくさん食べたから、お腹が痛くなるんだ
（食べた＜痛くなる）

(9'a)のカラ節は客観的事実を述べただけで、所謂地の文の一部として解釈される。一方、(9a)のカラ節は現行の発話行為の話者を情報源とし、話者はその内容にコミットする読みをもつ。この対立が示唆することは、「ル＋カラ節／ノデ節」は記述に対する話者の態度（attitude）も含めてその意味を考える必要があるということである。

本論は、このように複雑な振舞いを示す「ル形＋カラ節／ノデ節」*6の時制解釈を対象に、その背後で働くメカニズムの解明を目標とする。具体的には、「ル形＋カラ節／ノデ節」は、話者の知識・信念を根拠とした話者の主観的パースペクティブを表し、これと対立する／対比される（少なくとも）もう1つのパースペクティ

ブを二重写しにして見せるパースペクティブの拡張を特性とすること、その背後に、カラ節／ノデ節に（パースペクティブが異なれば異なる真理値をとる）「命題概念」を導入する活動動詞ル形の意味特性が関係していることを主張する。また、一人称話者を主語とする単純現在時制の主観的態度動詞（subjective attitude verb: SAV）（cf.8節）を仮定し、「ル＋カラ節／ノデ節」はその補文に埋め込まれていると考えることにより、「ル＋カラ節／ノデ節」の分布条件および諸特徴を説明できることを確認し、「活動動詞ル形」はカラ節／ノデ節が話者のパースペクティブに基づいた記述内容をもつことを示す慣習的な言語装置として使用されている、という見方を提案する*7。

以下では、2節で、「ル＋カラ節／ノデ節」現象と先行研究を概観し問題点を整理する。3節で、「ル＋カラ節／ノデ節」のパースペクティブが話者に帰属するという根拠を提示する。4節では、「ル＋カラ節／ノデ節」と主節の主語が共に一人称話者である場合について検討する。5節では、「ル＋カラ節／ノデ節」におけるパースペクティブの拡張の実態を明らかにする。6節では、「ル＋カラ節／ノデ節」の意味特徴を「ル形」の論理構造から解き明かし、「ル＋カラ節／ノデ節」に「埋め込み節事象先行型」解釈および「非難」の読みが生じる仕組みを明らかにする。7節では、〈ル＋カラ節／ノデ節〉の理由節としての論理構造を明確にする。8節では、表層構造上の構造関係ではなく意味的作用域に基づく「ル＋カラ節／ノデ節」の分析を提案する。9節はまとめである。

2. 現象

2.1 「埋め込み節事象先行型活動動詞ル形＋カラ節／ノデ節」

一般的に、日本語の埋め込み節に生起する述語は固有の時制を持たないことを前提に、埋め込み節の時制解釈のほとんどは次の(10)（Sequence of tense rule）により説明される*8。

(10) 日本語の時制形式（ル・タ）は、埋め込み節において独自

の時制をもたず、発話時を参照時とする絶対的解釈が選択される場合を除き、基本的に当該節が埋め込まれる（統語構造上、1つ上の）節の時制を参照時として相対的に解釈される。（三原（1992），吉本（1993），Ogihara（1996），Kusumoto（1999），中村（2001））

（10）は、文や談話内の時間の流れに沿って、統語構造上、下位節の時制が1つ上に位置する節の時制を順次引き継ぐ形で決定される仕組みを述べたもので、次例のように名詞補文の主動詞がル形――「買う」――であれば主節時より後を意味する「主節事象先行型」解釈、タ形――「買った」――であれば主節時より前を意味する「埋め込み節事象先行型」解釈の成立を正しく予測する。

　（11）太郎は［花子が｛買う／買った｝本］を読んだ　（買う＞読んだ／買った＜読んだ）

しかし、（10）にとって問題になる例がないわけではない。次の例を見てみよう。

　（12）太郎は昨日食べ過ぎるから、お腹が痛くなる（んだ）（食べ過ぎる＜痛くなる）

（10）の予測に反して、（12）ではカラ節の主動詞「食べ過ぎる」に（相対的テンスでも絶対的テンスでもない）「埋め込み節事象先行型」解釈が成立し、タ形を取る（13）の相対的テンスと同じ解釈をもつ。

　（13）太郎は昨日食べ過ぎたから、お腹が痛くなる（んだ）（食べ過ぎた＜痛くなる）

周知の通り、埋め込み節主動詞が状態述語やテイル形の場合、ル形にも主節事象と同時の読みが成立する。例えば、次例は主節時（過去）だけでなく発話時（現在）でも花子が妊娠していることを表すdouble access reading をもつ*9。

　（14）そのとき、太郎は花子が妊娠していることに気付いた

しかし、（12）のようにカラ節主動詞が活動動詞ル形の場合、カラ節事象が主節時と同時に生起するという解釈は生じない。また、次の（15）（16）が示す通り、活動動詞ル形がコト節、トキ節に現れた場合には不適格になる。

(15) *太郎は昨日食べ過ぎることが、お腹が痛くなる理由だ
(16) *太郎は昨日食べ過ぎるとき、お腹が痛くなった

活動動詞ル形が「埋め込み節事象先行型」解釈をもち得るのは、(本論では扱わない)引用のト節を除けば、次のようなカラ節／ノデ節に限られる(沈(1984), 岩崎(1994))。

(17) a. 昨日、妻があまり八釜しく言うので、私はその夕暮れ、レントゲン写真をもって勝呂医師をたずねた
　　　　　　　　　　　　　　　　　　　(言う＜たずねた)
　　 b. 頭を下げろ、と主人が言うので、おれは股の間へ頭を下げた(『薬菜飯店』)　　　(言う＜下げた)
　　 c. アノトキアンナヤツニ出会ウカラ、待チ合ワセニ遅レテシマッタンダ　　　　(出会う＜遅れた)
　　 d. …中腰でスパゲッティを食べているとトウルがどうしたのかとしつこく聞くんであたしが本当のことを話すとトウルはその場でナポリタンをゲボゲボと吐いてしまった。(『トパーズ』p.62)　　(聞く＜吐いてしまった)

どの例でもカラ節／ノデ節事象に「埋め込み節事象先行型」解釈が成立する。しかし、これは発話時が参照時でないので絶対的テンスではなく、主節時が参照時ではないので相対的テンスでもない。さらに、次の習慣や属性を表すル形とも異なる。

(18) a. 太郎はよく勉強するから、試験に合格した(んだ)
　　 b. 花子はすぐ泣くので、太郎は飴を与えた

幸松(2008)は「埋め込み節事象先行型」カラ節／ノデ節は総称的事象を表すと言う。しかし、慣習性が関わる「ル+カラ節／ノデ節」は特定の過去時を表す「昨日」等の時間副詞とは共起できない(Tamura, 2009)。例えば、(18a, b)のカラ節／ノデ節に「昨日」を付加した(19a, b)は不適格だが、「いつも」を付加した(20a, b)は適格である。

(19) a. *太郎は昨日よく勉強するから、試験に合格した(んだ)
　　 b. *花子は昨日すぐ泣くので、太郎は飴を与えた
(20) a. 太郎はいつもよく勉強するから、試験に合格した(んだ)

  b. 花子はいつもすぐ泣くので、太郎は飴を与えた

　以上から、「活動動詞ル形＋カラ節／ノデ節」のル形は、(18a, b) のように総称的な事象を表す活動動詞ル形とは区別されることが分かる。活動動詞ル形の時制解釈は、相対的テンスでも絶対的テンスでも、さらに総称的解釈でもない点において「カラ節／ノデ節独自のテンス」だと言える*10。もしこの一見奇妙な「ル＋カラ節／ノデ節」の振舞いを周辺的で単純な問題だと片づけてしまうと、沈 (1984)、岩崎 (1994)、Oshima (2009)、Tamura (2009) らの先行研究において提示されてきたデータに生起するル形をタ形に置き換えても本当に意味に違いはないのか、違いがないのならなぜ多くの例でル形が使用されなければならないのか、という問題にぶつかることは明らかである。しかも、(10) は主節のパースペクティブから埋め込み節事象を記述することで、文の理解に重要な「パースペクティブの一貫性」を保持する有用な方略でもある。とすれば、(10) に反するル形の使用は「パースペクティブの一貫性」を損なうことに他ならない。それにも拘らず、ル形を使う背後にはどのような事情が関係しているのだろうか。以下では、

1) 「ル＋カラ節／ノデ節」の分布条件は何か
2) 「ル＋カラ節／ノデ節」と「タ＋カラ節／ノデ節」の違いはどのようなものか
3) 「ル＋カラ節／ノデ節」で「ル形」が発話時・主節時に先行する読みを得ることができる仕組みはどのようなものか
4) 「ル形」の埋め込み節事象先行型解釈が「カラ節／ノデ節」(と引用句) でのみ成立するのはなぜか
5) 「ル＋カラ節／ノデ節」に「非難」のニュアンスが生じやすいのはなぜか
6) 「ル＋カラ節／ノデ節」(時制解釈) の適切な分析方法‐枠組はどのようなものか

の諸点について検討を加えたい。次節では、「ル＋カラ節／ノデ節」の先行研究を概観しよう。

2.2　先行研究

● 〈岩崎（1994）〉

　岩崎（1994）は、観察結果に基づいて、「ル＋カラ節／ノデ節」（e.g.「花子ガ泣クノデ、太郎ハアメ玉ヲ与エテヤッタ」（岩崎, 1994: 106））は、知覚動詞構文（e.g.「花子ガ泣クノヲ見テ、太郎ハアメ玉ヲ与エテヤッタ」（岩崎, 1994: 106））と同じ観察と観察される事象の時点が同時になる主節主語の観察を表す文であると述べ、「ル＋カラ節／ノデ節」は以下の①②の特徴をもち、それらは③④の意味特性に由来すると主張する（カッコ内はその例である）。

①統語的特徴：カラ節／ノデ節主語と主節の主語が異なる
　　(a.　さっき、最後の力をふりしぼってカイをこいだので（*こぐので）、さすがのおれももう立てそうにない（『クプクプ』p.114）（岩崎, 1994: 109）
　　b.　長逗留したので（*長逗留するので）、宿番のおばさんとはすっかり親しくなった（岩崎, 1994: 110））

②語彙的特徴：カラ節／ノデ節内の述語が過程をもつ動きを表す動詞である

③ノデ節、カラ節に示されている事態は、主節の主語なる人物による観察を表す

④主節の主語なる人物はその観察を主節にさしだされる動作の理由とする

③は①②より強い成立条件に位置付けられている。また、岩崎は③に加えて、②の特徴がなくても「ル＋カラ節／ノデ節」が成立する強めの条件として⑤をあげる。

　⑤様態等を表す副詞と共起するとルノデ／ルカラ（従属節先行型）が可能になることがある。

⑤の例として、岩崎は「アンナ／アンマリ突然」という様態副詞を含むカラ節に〈埋め込み節事象先行型ル形〉が認可される（21a, b）をあげている。

　(21) a.　アノトキアンナヤツニ出会ウカラ、待チ合ワセニ遅レテシマッタンダ
　　　b.　彼ガアンマリ突然家ニ来ルノデ、驚イタ

　　　　　　　　　(cf. c.?? アノトキヤツニ出会ウカラ、待チ合ワセニ遅レ
　　　　　　テシマッタンダ
　　　　c. *彼ガ家ニ来ルノデ、驚イタ）　　　　　　（岩崎、1994: 110）
さらに岩崎は、文末に「ノダ」を含む「ル＋カラ節～ノダ」文の成
立条件として⑥をあげる。

　⑥主節事態がその文の発話者にとって望ましくないものであり、
　　その原因となるカラ節にさしだされる事態に対して、カラ節の
　　主語なる相手を非難するニュアンスがある

⑥について岩崎（1994: 105）は、「なぜ非難するニュアンスがあ
れば従属節事態先行が可能になるのかについては、今のところわか
らない」と述べ、③を主たる成立条件としている。

● 〈Tamura（2009）〉
　Tamura（2009）は、「ルカラ～ルノダ」の形式をもつ（22）（=
（9a））を考察対象に、(i) なぜル形が過去事象を表すことができる
のか、そして、(ii)「非難」のニュアンスをどのようにして得ること
ができるのかを明らかにしようとした。
　まず、Tamura は「ル＋カラ」節の意味特性として、主語の
「Ken」が主節事象成立以前の段階でカラ節事象から主節事象を予見
する（23）の予見可能性（"foreseeability"*11）をもち得たと
いう前提（presupposition）をもつと考える。

　(22)(=（9a）) Ken-wa [kinoo takusan tabe-ru] kara, [onaka-
　　　　ga itakunar-u] nda]
　(23) When Ken ate, Ken could foresee that he would have a
　　　　stomachache.

その上で、"foreseeability" に基づけば、Ken が主節事象を予見し
たのは過去においてであると解釈されるので（22）のカラ節に過
去事象としての読みが生し、さらには、Ken は主節事象を予見でき
たにも拘らず「食べる」ことを止めなかった、という話者から Ken
への「非難」の読みが生じることも説明できると主張する。

● 〈問題〉

　以上、「ル＋カラ節／ノデ節」を真正面から取り上げた2つの先行研究を概観した。しかし、どちらの説にも問題がある。まず、Tamura（2009）の主張に反して、カラ節主語が主節事象の成立以前の段階で「ル＋カラ節」事象から主節事象を予見できない場合がある。次の岩崎（1994）の例を見てみよう。

　（24）お前が泣くから売ってもらえないんじゃないか

（23）に習って（24）を（25）のように言い換えると不自然になるように、主節事象成立以前にカラ節事象から主節事象を予見することは簡単ではない。

　（25）?お前が泣いたとき、お前は泣くと売ってもらえないことが予見できた

また、ノデ節の主動詞を意志動詞に替えても（26）の通り結果は変らない。

　（26）a.　お前が値切るから売ってもらえないんじゃないか
　　　　b.?お前が値切ったとき、お前は値切ると売ってもらえないことが予見できた

（24）や（26a）のカラ節事象は主節事象の理由や原因として想起し易いものではない。問題は、それにも拘わらず、（24）（26a）がル形を認可するという事実であり、このことを"foreseeability"から説明することは困難だと思われる。さらに、"foreseeability"の成立見込みが低い（24）（26a）にも「非難」のニュアンスが生じることは、"foreseeability"をその根拠と見なす説明に問題があることを示唆している。Tamuraの分析は、主題の「Ken」がカラ節事象の認識主体で、カラ節主動詞が意志動詞である（22）を対象としたものだが、主節とカラ節主語が「お前」と（ゼロ形の）「我々」という別個体を指す（24）（26a）に加えて、主節とカラ節の主語が同じ個体を指し、カラ節主動詞が非意志動詞——「出会う」——をとる（21a）にも「非難」のニュアンスが生じる事実を"foreseeability"から説明できないことは明らかであろう。

　また、岩崎（1994）にも問題がある。岩崎は、「ル＋カラ節／ノデ節」の優先的な成立条件として③を主張する。しかし、カラ節と

主節の主語が同じ個体を指す次の例に③は適用できない。

(27) A選手は、先の試合で高得点を出したりするから、簡単に引退するとは言えなくなってしまった（ようだ）

(27)に③を適用すると、カラ節は主節主語の観察を表すので、カラ節は「A選手」の観察を表すことになる。しかし他方で、岩崎(1994: 107)は「自分の動作を自分で観察するわけにはいかず、カラ節事態は主節主語の観察を表さない」と述べている。そのため、主節とカラ節主語が共に「A選手」である（27）は、(a) カラ節事態を観察する観察者を主節主語と見なしても、(b)「自分の動作を自分で観察するわけにはいかず、カラ節事態は主節主語の観察を表さない」ので、(a) は排除されるはずである。ところが、(27) は容認可能な文であり、③と①が矛盾する（a) と（b) を内包していることは明らかであろう。

このように、Tamuraと岩崎は、カラ節／ノデ節のパースペクティブの主体がカラ節または主節の主語という表層構造上の要素にあると見なすことで、ル形の認可を予測しようとした。しかし、カラ節／ノデ節と主節のどちらか一方のパースペクティブから文全体のパースペクティブを鳥瞰しようとすると、カラ節／ノデ節と主節の主語が同一個体を指すデータと指さないデータの両方に適用可能な解決策を見つけることは困難になる。なぜなら、カラ節／ノデ節事象か主節事象のどちらか一方しか分からないのに、分からないもう一方の事象を語るというのは明らかに実行不可能なことだからである。これに対して、現行の発話行為の「話者」をパースペクティブの主体に据えると、カラ節／ノデ節主語や主節主語より広いパースペクティブをもつことができるので、カラ節／ノデ節事象と主節事象の両方にアクセス可能になり、両タイプのデータに適用できるようになる。次節では、カラ節／ノデ節のパースペクティブの主体が実際に現行の発話行為の「話者」である見なすことができることを示唆する根拠を示そう。

3. パースペクティブの主体

本節では、カラ節/ノデ節のパースペクティブの主体が「話者」であることを確証するために、2つの根拠を提示する。

3.1 様態表現および「非難」のニュアンス

最初に検討すべき問題は、Tamura（2009）が主張するように、(22) の「ル+カラ節」のパースペクティブは主語（Ken）のものでなければならないかどうかである。確かに、Tamuraが述べるように、(22) の「ル+カラ節」では主動詞に意志動詞をとるので、意志動詞の主語Kenがカラ節事象の認知主体であると考えると、主節事象を予見できたにも拘らず「食べる」ことを止めなかったKenが非難の対象になることは不自然ではない。ただ、1節で触れたように、間接話法には（ア）話者が非伝達部を主張しその内容にコミットする場合と（イ）被伝達部が他者の発話であることを述べるだけでその内容にコミットしない場合があった。これを当てはめると、（ア）の場合、カラ節のパースペクティブの主体がKenではなく話者である可能性は十分にある。実際、(22) ではKenがカラ節事象の意志的な動作主ではあるが、(22) のカラ節に明示的にパースペクティブの主体を指定する形式がない以上、カラ節がKenのパースペクティブに基づいているという保証はない。しかし、だからと言って「ル+カラ節/ノデ節」のパースペクティブを示す手がかりが全くないわけではない。手がかりの1つは、岩崎（1994）が「ル+カラ節/ノデ節」の強めの認可条件としてあげる「アンナ」等の様態表現である。その存在が「ル+カラ節/ノデ節」の強めの認可条件と言われる理由は、これらが元発話の発話文脈におけるパースペクティブの主体（＝元発話者）の生の声を伝達する機能をもつので[*12]、様態表現の元発話者の同定が可能になり、パースペクティブの主体が確立され易くなることにあると考えられる。

以上を頭に置いて、(21a) の主節主語を（silentな二人称の聞き手から）「彼」に替えると、カラ節のパースペクティブの主体がどうなるか見てみよう。

(28)アノトキアンナヤツニ出会ウカラ、彼ハ待チ合ワセニ遅レ
　　　　テシマッタンダ

(28)では主節もカラ節も主語は「彼」になる。しかし、カラ節のパースペクティブの主体が「彼」にシフトする読みは生じない。もしもパースペクティブの主体がTamura (2009)の言う通りカラ節主語なら、あるいは、岩崎(1994)の言う通り主節主語なら、「彼」が採用される筈である。しかし、実際にパースペクティブの主体として判断されるのは現行の発話行為の話者だということは重要である。この事実はパースペクティブの主体が話者であることを支持する根拠となるものである。

　もう1つの根拠は、「ル+カラ節／ノデ節」の主語への非難の主体が現行の発話行為の話者である点にある。例えば、(22)には(22'a)のような話者からKenへの非難が生じるが、(22'a)のみならず(22'b)も(22)に後続可能である。このことはパースペクティブの主体がKenではなく話者であることを示唆するものである。

　　　(22)' a.　Kenは昨日たくさん食べなければ、お腹は痛くならな
　　　　　　　かった
　　　　　 b.　しかし、Kenはそう思っていない

同様に、(24)が示唆する(24'a)の非難にも(24'b)が後続可能であり、(24'b)は(24)に後続することもできる。

　　　(24)' a.　お前が泣かなければ、(我々は)売ってもらえた
　　　　　 b.　しかし、お前はそう思っていない

こうした連鎖が可能であるのも、カラ節のパースペクティブの主体が「お前」ではなく話者であるからである。ただ、(22)(24)は複文構造をもつので、主節とカラ節各々のパースペクティブの主体が誰かを確認するために、(22)(24)を [～(前提)のは、～(焦点)だ] という情報構造をもつ次の擬似分裂文に言い換えてみよう。

　　　(29) a.　Kenがお腹が痛いのは、昨日たくさん食べるからだ
　　　　　 b.　*Kenが昨日たくさん食べるのは、お腹が痛いからだ
　　　(30) a.　売ってもらえなかったのは、お前が泣くからだ

b. *お前が泣くのは、売ってもらえなかったからだ

すると、カラ節が焦点を構成する（a）文に対して、主節が焦点を構成する（b）文は不自然な文になる。この対立から、(22)(24)ではカラ節が焦点、主節が前提を構成していることが分かる。前提は客観的事実として談話において既に知られた情報であり、焦点は談話に新規に導入された情報である。従って、(22)(24)において話者自身のパースペクティブを表しその記述内容にコミットするのは（焦点の）カラ節であり、主節では客観的事実が主張されているだけで、話者がその内容にコミットするわけではないことが確認できる。

　岩崎（1994）は「ル＋カラ節／ノデ節」の主節主語は「私」であることが多いと言う。この場合「私」は文の話者を兼ねるので、この点について岩崎も本書もほぼ同じパースペクティブの分布を予測していることになる。ただ、「ル＋カラ節／ノデ節」は「カラ節／ノデ節と主節の主語が異なっている」環境で認可されるという岩崎の主張に反して、実際には、先述した通り「カラ節／ノデ節の主語と主節の主語が同じ」でも認可される例が少なからずある。先程の(21a)（以下に再録）をもう一度見てみよう。(21a)は、二人称聞き手がカラ節と主節の主語である点では「A選手」がカラ節と主節の主語である(27)と変わらない。

　(21)a.　アノトキアンナヤツニ出会ウカラ、待チ合ワセニ遅レテシマッタンダ

　(cf. c. ??アノトキヤツニ出会ウカラ、待チ合ワセニ遅レテシマッタンダ)

(21a)に関して、岩崎はカラ節と主節の主語が同じでも「様態等を表す副詞と共起するとルノデ／ルカラが可能になる」として①の例外とする。しかし、(21a)は「ル＋カラ節」が認可される例外としてしか説明できないわけではない。(21)の(a)文と(c)文を比べると、「アンナ」を含まない(c)文は不自然である。前節では、様態表現を使用できるのは当該節のパースペクティブの主体に限られることから、「アンナ」を含まない(c)文ではパースペクティブの主体が特定し難くなると考えた。これを踏まえて(a)文と(c)

文を対比すると、(c) 文が認可されず (a) 文が認可されるという事実は重要である。なぜなら、この対立は (c) 文の不認可の理由が、岩崎の主張する「カラ節と主節の主語が同じ個体を指す」ことではなく、「アンナ」の削除によって、パースペクティブの主体が現行の発話行為の話者であるという解釈が得難くなるからだという見方を支持する根拠になるからである*13。

　以上の考察から、ル形を認可するカラ節ではパースペクティブの主体が現行の発話行為の話者であることが明らかになったように思われる。これと同様の指摘は尾野（1999）にもある。ただ、尾野（1999：76）が「ル＋カラ節／ノデ節」は「知覚主体の意識を介していない」「知覚に映ずるがままに提示する」ものと見なすのに対して、本論では話者のコミットする記述内容を表すと見なす点でその主張は同じではない。次項ではまず、尾野（1999）の主張を概観し、それからその批判に移ろう。

3.2　尾野（1999）

　尾野（1999）によると、岩崎（1994）の功績は〈埋め込み節事象先行型ル形〉の例があることを指摘した点にある。しかし他方で、以下を根拠に、岩崎の①③④の制約には問題があると言う。

(31) a.　せっかく、涼しい列車で来たのに、またごみごみした構内を歩くので暑くなってきた　　（『死の発送』：188）

b. …自分の想像があまり醜い方向へ走るので、目を覆いたいような気分になったのである

（『幸福という名の不幸（上）』：50）

c. …彼があまりに熱心に、そして強引につづけて誘うので、彼女も遂に応じた。　　（『地の骨（下）』：321）

d. …兄の乗っていた最後部の客車が急速度で元の峠の方に逆に逸走するので、脱線転覆は免れまいと乗客は総立ちとなって、……　　（岩崎, 1994：111）

(31) の (a) 文と (b) 文はノデ節主語と主節主語が同一主語のため①の反例となる。また、(c) 文のノデ節は主語「彼」寄り（即ち、語り手）の視点からの観察を表し、(d) 文のノデ節にも、「兄」を

知らない主節主語の「乗客」が「兄」という語を使用することはあり得ないので、語り手の視点を仮定せざるを得ない。これらは③④が「不十分な一般化」であることを示している、と言う。その上で、〈埋め込み節事象先行型ル形〉は、「歴史的現在」「劇的現在」のル形と同種のもので（尾野, 1999: 73）、「現実世界そのものを、意識の濾過を経ることなく知覚に映ずるがままに提示」し、「知覚主体の意識を介していない」「語り手の主体性を明示しない語り方」（尾野, 1999: 76）である、という立場から、「ル形について、（能動的な語り手の意図が反映されている）『観察』ではなく、受動的な『知覚（描写）』という語を用いる」（尾野, 1999: 73）と述べ、「ル＋ノデ節／カラ節」を次のように分析する。

(32) ルノデ／カラ節は、話し手（語り手）の知覚した事態を表し、その知覚された事態が原因となって生じた事態が主節で述べられる。　　　　　　　　　　　　（尾野, 1999: 76）

そして、話者の意識を介さない事象を表すルノデ／カラ節の主節では、予期しない出来事に対する話者の「無意識的、条件反射的な反応が述べられることが多い」（尾野, 1999: 75）と述べている。尾野が実例として示した岩崎（1994）の例を見てみよう。

(33) a. …あまり葵子が激しく泣くので、稲木はその痙攣する羽織の背中に手を当て、横合いからかがみこみ、「どうした、わけを言ってみなさい」と、賺すようにした
　　　　　　　　　　　　　　（『地の骨（下）』: 116–117）

b. 底井があまりしつこく訊くので、デスクも変に思ったらしかった　　　　　　　　　（『死の発送』: 82）

c. …サムの手は恐怖にぶるぶると震えるので、カートが思わず嘲笑した　　　　　（『怪盗ジバゴの復活』: 21）

尾野の観察通り、(33a–c) の主節はノデ節事象への主節主語の「無意識的、条件反射的な反応」を表す。しかし、(33a–c) のノデ節は「埋め込み節事象先行型ル形＋ノデ節」の例としては不適切である。というのは、ノデ節事象に対する主節の「無意識的、条件反射的な反応」はノデ節に後続するのではなく「同時」であるという解釈が成り立つからである。即ち、(a) 文のノデ節主動詞「泣く」

は時間幅をもった事象、(b) 文、(c) 文のノデ節主動詞「(しつこく) 訊く／震える」は反復することが容易な行為を表している。町田 (1993: 47) は、これらの動詞が表す一連の反復は1つの事象として捉えられると言う。従って、(a) 文だけでなく (b) 文、(c) 文でもノデ節事象が時間幅をもった事象として解釈され、主節事象と「同時」に成立するという解釈が容易に打ち立てられるようになる*14/*15。この解釈が容認可能なら、(33a–c) を「埋め込み節事象先行型ル形＋ノデ節」の例とする尾野 (1999) の議論は無効になる。同様に、(31a, b, d) のノデ節も、時間幅をもった事象を表し、主節事象と「同時」に成立していると解釈できることから、これらも「埋め込み節事象先行型ル＋ノデ節」の例と見なすことは困難だと言えよう。

　以上のように、(31a, b, d) や (33a–c) は、「ル＋カラ節／ノデ節」が受動的な語り手の「知覚 (描写)」を表すという尾野の主張の根拠とされる例だが、それらは主節事象と「同時」の解釈を示し、純粋に「埋め込み節事象先行型ル形＋カラ節／ノデ節」の例だと断定できなかった。このことは、尾野の分析や主張が本当に妥当なものか疑わざるをえないことを示唆している。

　この点をより明確にするために、次項では、岩崎 (1994) の主張に反して、パースペクティブの主体が現行の発話行為の話者であること、しかし、それは、尾野 (1999) が主張するように「知覚主体の意識を介していない」受動的な「知覚」を表すだけの話者ではないことのさらなる根拠として、「ル＋カラ節／ノデ節」の叙述動詞補文への埋め込み可能性を調べよう。

3.3　叙実動詞補文
　　〈否定できるカラ節〉と〈否定できないカラ節〉

　ここでは、補文の前提を主文に引き継ぐ性質をもつと言われる叙実動詞補文への埋め込み可能性に基づいて、「ル＋カラ節／ノデ節」のパースペクティブの主体とその記述内容の情報源が現行の発話行為の話者であることを明らかにし、その結果に基づいて「ル＋カラ節／ノデ節」の分布上の制約についても検討する。

Karttunen（1973）によると、前提（presupposition）を運ぶ表現は、そこに埋め込まれた前提のより上位の構造への投射の仕方に応じて、栓（plug）・穴（hole）・フィルターの3つに大別される。栓は「信じている」のように前提の投射を妨げる述語である。一方、穴は補文に埋め込まれた前提をそのまま主文に引き継ぐ性質をもち、「知っている／後悔する」等の叙実動詞が含まれる*16。また、フィルターは条件によって補文の前提を主文に投射したりしなかったりする性質をもち、条件節や等位接続詞等が含まれる。従って、穴に分類される叙実動詞を主動詞とする（34）を（35）のような否定文にかえても、コト節の意味が文全体の前提であることが否定されることはない。

(34) 太郎が出発したことを花子は知っている

(35) 太郎が出発したことを花子は知らない

「知っている」は、主文述語が補文の前提を主文に投射する「穴」に分類されるため、これを否定してもコト節の記述内容は否定されないからである。ただし、「知らない」が「穴」に分類されるとしても、「ル＋カラ節」の記述内容が話者を情報源とし、かつ、「知らない」の主語が一人称話者の場合、話は別である。自分の情報を「知らない」という矛盾が生じることが予測されるからである。一方、「タ＋カラ節」は客観的事実を表し話者がその内容にコミットすることはない。そのため、「知らない」の主語が一人称話者であっても矛盾は生じないと予測される。さらに、「知らない」の主語が「彼」の場合も自分の情報を知らないという矛盾が消滅するので、コト節に「ル＋カラ〜タ」を含んでいても文の容認度は高くなると予測される。以上を頭に置いて、「ル＋カラ節／ノデ節」を含む理由文が叙実動詞の補文に埋め込まれる場合、埋め込み可能性がどうなるか見てみよう*17。

(36) a. 太郎が昨日突然来るから、花子が帰ってしまったことを私は知っている

　　 b. ?太郎が昨日突然来るから、花子が帰ってしまったことを私は知らない

(37) a. 太郎は昨日たくさん食べるから、お腹が痛くなったこ

とを私は知っている
b. ?太郎は昨日たくさん食べるから、お腹が痛くなったことを私は知らない

予測通り、肯定文の (a) 文に比べて否定文の (b) 文は不自然になる。一方、(38a, b)(39a, b) が示すように、「タ＋カラ〜タ」を含む文をコト節に埋め込むと、叙実動詞が否定されても文の容認度は下がらない。

(38) a. 太郎が昨日突然来たから、花子が帰ってしまったことを私は知っている
b. 太郎が昨日突然来たから、花子が帰ってしまったことを私は知らない
(39) a. 太郎は昨日たくさん食べたから、お腹が痛くなったことを私は知っている
b. 太郎は昨日たくさん食べたから、お腹が痛くなったことを私は知らない

また、叙実動詞の主語を「私」から「彼」に替えても文の容認度は下がらない。

(40) a. 太郎が昨日突然来るから、花子が帰ってしまったことを彼は知っている
b. 太郎が昨日突然来るから、花子が帰ってしまったことを彼は知らない
(41) a. 太郎は昨日たくさん食べるから、お腹が痛くなったことを彼は知っている
b. 太郎は昨日たくさん食べるから、お腹が痛くなったことを彼は知らない

叙実動詞はコト節の記述内容を主文に投射する「穴」に分類されるが、元々「ル＋カラ節」の記述内容は話者を情報源とする。そのため、一人称話者を主語にとる叙実動詞が否定されると、話者が自分の情報を「知らない」ことは矛盾でしかなく不適格な文になる。ただ、「知っている」は「穴」に分類される叙実動詞なのだから、必然的に主文動詞の肯否に拘わらず、コト節の記述内容が否定されることはなく文の容認度も下がらない筈である。それにも拘わらず、

「知っている」の肯否によって文の容認度に差が生じるのは、「ル＋カラ節」が話者の知識と無関係に存在し得るものではなく、話者のパースペクティブと整合する記述内容をもつからだと言えるだろう。

次に、「後悔する」の場合を見てみよう。「後悔する」も「穴」に分類される叙実動詞であり、原則的にその肯否に拘わらず補文内容が否定されることはない。「後悔する」ためには「後悔する」対象を認識している必要があり、それは「後悔しない」場合も同じだからである。従って、主文主語が一人称であってもなくても、また、「後悔する」の肯否に拘わらず、コト節の記述内容は前提されている筈である。実際に、「ル＋ノデ～タ」を補文に埋め込むと、以下の通り、主文主語の人称に拘わらず、「後悔している／後悔していない」のどちらの補文にも「ル＋ノデ～タ」を埋め込むことができる。

(42) a. あの日妻があまり八釜しく言うので、その夕暮れ勝呂医師をたずねたことを私は後悔している
　　 b. あの日妻があまり八釜しく言うので、その夕暮れ勝呂医師をたずねたことを私は後悔していない
(43) a. あの日妻があまり八釜しく言ったので、その夕暮れ勝呂医師をたずねたことを私は後悔している
　　 b. あの日妻があまり八釜しく言ったので、その夕暮れ勝呂医師をたずねたことを私は後悔していない
(44) a. あの日妻があまり八釜しく言うので、その夕暮れ勝呂医師をたずねたことを君は後悔している
　　 b. あの日妻があまり八釜しく言うので、その夕暮れ勝呂医師をたずねたことを君は後悔していない
(45) a. あの日妻があまり八釜しく言ったので、その夕暮れ勝呂医師をたずねたことを君は後悔している
　　 b. あの日妻があまり八釜しく言ったので、その夕暮れ勝呂医師をたずねたことを君は後悔していない

以上から、「ル＋カラ／ノデ～タ」を含む文にだけ一人称話者を主語にとる「知らない」の補文への埋め込み可能性がないことが明らかになった。これは「ル＋カラ節／ノデ節」が話者のパースペクテ

ィブに基づいた情報を表すために、否定文脈では自分の情報を知らないという矛盾が生じることに起因する現象であることを示すものであり、「ル＋カラ節／ノデ節」のパースペクティブの主体が話者であると同時に、「ル＋カラ節／ノデ節」は「知覚主体の意識を介していない」受動的な話者の「知覚（描写）」（尾野,1999）ではなく、話者はその内容にコミットしている、という考え方を支持するものである。

　以上から、本節では、「ル＋カラ節／ノデ節」のパースペクティブが現行の発話行為の話者に帰属すること、また、表示レベルでは「タ＋カラ節／ノデ節」との構造上の違いを明確に示さないが、意味レベルにおいては、話者自身を情報源とする話者の信念を表し、話者はそれを主張するだけでなくその内容にコミットすること、従って、「埋め込み節事象先行型活動動詞ル形」は、情報源である話者を元発話者とする元発話の発話文脈のパースペクティブに基づいた記述内容を表す場合に認可され、それ以外の場合には、「タ＋カラ節／ノデ節」でなければならないという分布上の制約をもつことを示した。ただ、ここまでは、カラ節／ノデ節主語と主節主語が二人称（cf. (21a) (24)）や三人称（cf. (27)）の例を中心に議論してきた。しかし、カラ節／ノデ節と主節の主語が共に一人称話者（「私」）の場合にも同じことが言えるのだろうか。次節では、この点について検討しよう。

4. 話者とカラ節／ノデ節主語の（パースペクティブの）（不）一致とル形の認可

　この節では、カラ節／ノデ節と主節の主語が共に一人称の「私」になる場合とそうでない場合を検討し、カラ節／ノデ節のパースペクティブの主体が現行の発話行為の話者であることに加えて、カラ節／ノデ節主語と現行の発話行為の話者の非同一性、及び、その結果もたらされるパースペクティブの拡張可能性がカラ節／ノデ節におけるル形の分布を規定する重要な制約であることを主張する。

　まず、「ル＋カラ節」の主語が話者と一致する（47）としない

(46)を比べてみよう。

(46) 先生ガオコルカラ、私達は静かにした
　　　（オコル＜静かにした／オコル＞静かにした）
(47) （先生ニ）オコラレルカラ、私達は静かにした
　　　（オコラレル＞静かにした）

一致しない (46) には主節事象先行型と埋め込み節事象先行型の解釈が成立する。一方、一致する (47) には主節事象先行型の解釈だけが成立する。この対立について、岩崎 (1994) はカラ節内の動詞のボイスが能動文から受動文にシフトした結果、受動文の (47) ではカラ節主語と主節主語の両方が「私達」になり、「カラ節と主節の主語が同じでない」という①の統語的特徴に違反することが「埋め込み節事象先行型ル形」不認可の理由であるとする。しかし、カラ節と主節の主語が同じ個体を指す (21a) や (27) でもル形が認可されることから見れば、これとは別の説明を見つけざるを得ないだろう。カラ節のパースペクティブの主体が話者であるというここまでの考察から考えると、ル形の認可にとって障害になるのは、カラ節と主節の主語の一致ではなく、ボイス転換によるカラ節主語と話者のパースペクティブの一致にあると予測される。この点をもう少し明確にしてみよう。(48a, b) のカラ節では授受動詞の「もらう」を第二要素とする複雑述語「見てもらう」が使用されている。その結果、カラ節の主語とパースペクティブの主体は (a)(b) 文で一人称話者の「私」になる。また、「見てもらう」は意志的動作を表すので、カラ節は話者が自身について知り得る客観的な事実を表していると考えられる。

(48) a. ＊あの時、腕の良い医者に見てもらうから、（私は）命拾いした
　　 b.　あの時、腕の良い医者に見てもらったから、（私は）命拾いした

自分が自身について知り得る情報は真として受け入れることができる。つまり、自分が自身について知り得る事実を表すカラ節は、それと対立するパースペクティブの想起を抑える効果をもつと考えられる。（対立のない）一次元的なパースペクティブを作る (b) 文

のタ形が完全に適切になるという事実は、対立するパースペクティブの設定可能性とル形の認可の間には明らかに関係があることを示唆している。もう一例見てみよう。次の例では、カラ節の主動詞に「見てくれる」が使用され、カラ節主語は「医者」、主節主語はsilentな「私」である。これは岩崎の求める「ル＋カラ節」の統語的特徴①に合致する。ところが、岩崎の主張に反して、「ル＋カラ節」を含む（a）文は容認されず埋め込み節事象先行型解釈も成立しないが、「タ＋カラ節」を含む（b）文は問題なく容認される。

(49) a. ＊あの時、腕の良い医者が見てくれるから、（私は）命拾いした
　　　b. あの時、腕の良い医者が見てくれたから、（私は）命拾いした

対象が話者である以上、カラ節主語が「医者」であっても、カラ節のパースペクティブの主体が直接体験者の話者であることに変わりはない。そのため、話者が自分自身について知り得る客観的な事実と対立するパースペクティブが示唆される余地はなく、「タ＋カラ節」を含む（b）文だけが容認されることになる。これは（48 a, b）と同じである。また、同じことは、岩崎（1994: 110）がルノデ／カラ節の語彙的特徴②とする「過程をもつ動き」を表さない動詞を含むために、ル形が認可されない例としてあげた次の例にも当てはまる。

(50) a. …おれたちの船は月面に着陸した。4本の足が月面についたので（＊つくので）、おれたちはロケットの噴射をとめた
　　　b. …ただあまりにもヘア・スタイルが変わってしまったので（＊変わってしまうので）、誰なのかわからなかったのだ
　　　c. …車が故障したので（＊故障するので）、…おれは…バスで帰宅したのである
　　　d. 大学が封鎖されて講義はなくなったので（＊なくなるので）、僕は…アルバイトを始めた

これらのノデ節はどれも非人称主語を含む。そのため、ノデ節事象の認知主体は主節主語の一人称話者だと考えられる。とすると、上

の (48b) (49b) 同様 (50a–d) でも、ノデ節は、(ノデ節と主節の主語が一致しないにも拘らず)、話者が自身について知り得る現実世界の事実を表すことになり、ノデ節事象と対立するパースペクティブが示唆される可能性はない。その結果、ル形も認可され得ない、と言うことができる*18。これと同じ説明は、「過程をもつ動き」を表す「編纂する／開発する」を主動詞とする (51a, b) のノデ節にル形が認可されないことにも適用できる。

(51) a. (Y先生が／我々が) 社史を編纂した (*編纂する) ので、それを社長に献呈した
   b. ({開発部／僕たち} が) 新製品を開発した (*開発する) ので、それを社長に見てもらった

(51a, b) は、ル形の認可においては、動詞の意味特性やタイプよりも対立するパースペクティブの設定可能性が重要な条件であることを示唆している。つまり、(話者がカラ節主語ではないがカラ節事象の認知主体であるという場合も含め)、カラ節主語と話者が共に一人称話者の時には、対立するパースペクティブ集合が設定されずル形も認可され得ない。このことから、当該のカラ節のパースペクティブと対立するパースペクティブ設定可能性とル形認可の間に重要な関係があることが確認できる。言い換えれば、カラ節／ノデ節事象先行型活動動詞ル形の分布上の制約として、カラ節／ノデ節のパースペクティブの主体が現行の発話行為の話者であることに加えて、(52a, b) が重要な条件になるということである。

(52) a. カラ節／ノデ節主語と (現行の発話行為の) 話者のパースペクティブの不一致
   b. カラ節／ノデ節のパースペクティブと対立するパースペクティブの設定可能性

岩崎 (1994) は「カラ節／ノデ節主語と主節主語の非同一性」を主張するが、むしろ、重要な制約は、対立するパースペクティブの設定可能性とそれを可能にするカラ節／ノデ節主語―話者間のパースペクティブの不一致であることに留意する必要がある*19。

以上、本節では、「ル＋カラ節／ノデ節」のパースペクティブの主体が現行の発話行為の話者であり、話者自身の情報に基づいた記

述内容をもち、(52a, b) が「ル＋カラ節／ノデ節」の分布に決定的な制約を課すことを示した。(52a, b) はカラ節／ノデ節のパースペクティブの拡張に関わる制約でもある。次節では、パースペクティブの拡張が「非難」のニュアンスや「埋め込み節事象先行型時制解釈」、および、「ル＋カラ節／ノデ節」と「タ＋カラ節／ノデ節」の違いとどのように関係しているのかについて考察しよう。

5. パースペクティブの拡張と「非難」のニュアンス

　ル形を認可するカラ節／ノデ節を考えると明らかな意味特徴が注意をひく。それは、岩崎（1994）が「主節事態がその文の発話者にとって望ましくないものであり、その原因となるカラ節にさしだされる事態に対して、カラ節の主語なる相手を非難するニュアンスがある」と述べる「非難」のニュアンスである。

　3節で示した通り、「ル＋カラ節／ノデ節」を含む文では、(22) から (22'a)（以下に再録）の Ken に対する話者の非難が示唆される。

(22) Ken-wa kinoo takusan tabe-ru kara, onaka-ga itakunar-unda

(22)' a.　Ken は昨日たくさん食べなければ、お腹は痛くならなかった

　　　b.　しかし、Ken はそう思っていない

(22'b) は直接 (22) に続けてもよい。この種の連鎖が適切なのは、話者と Ken それぞれが志向するパースペクティブが二重写しになっていて、その双方にアクセスできるからだと考えられる。繰り返し述べてきたように、「ル＋カラ節／ノデ節」の記述内容は話者のパースペクティブに基づくものである以上、話者のパースペクティブより狭いスコープをとる。このことは他方で「ル＋カラ節／ノデ節」の記述内容が話者のパースペクティブで成立していても、現実世界や ken が志向するパースペクティブでも成立しているとは限らないことを意味してもいる。実際、話者の一人よがりや誤解、期待や見当外れの可能性もあるだろう。しかし、話者にとってカラ節の

記述内容は自明かつ無矛盾である。そのため、対立する意見や対比される状況を封じる「非難」のニュアンスが生じ易くなる、と考えられる。つまり、「ル＋カラ節／ノデ節」は、「ル＋カラ節／ノデ節」事象の直接体験者、観察者としての話者の評価文脈とその時点に相対的に設定される主観的パースペクティブを導入する。これと同時に、当該の文脈に即してこれと交替可能なパースペクティブ集合が示唆／設定されると、その排他的論理和[20] として対立するパースペクティブが排除され、それはしばしば話者のカラ節主語への「非難」として解釈される、と考えられる。この読みは「タ＋カラ節／ノデ節」には生じない。また、「ル＋カラ節／ノデ節」の記述内容は話者のパースペクティブに含まれている。そのため、「ル＋カラ節／ノデ節」はパースペクティブの獲得時と現行発話の発話時の双方を参照時とする時制解釈を得ると考えられる。つまり、パースペクティブの獲得時は話者の当該事象の体験時／観察時であり、出来事時と重なる。この体験時／観察時＝出来事時は主節事象時と発話時の双方に先行するので、〈埋め込み節事象先行型過去時〉の解釈を得ることになる。以上をまとめると次のようになる。

(53) a. 「ル＋カラ節／ノデ節」は、話者のパースペクティブに基づいた情報を記述内容とし、それと排他的関係にあるパースペクティブ集合を示唆してパースペクティブを拡張する読みをもつ。

b. (a) から (i) (ii) が導かれる。

(i) 「ル＋カラ節／ノデ節」事象の生起の時点は話者のパースペクティブの獲得時に相対的に設定される評価時の評価文脈に基づいて解釈される。(→埋め込み節事象先行型時制解釈)

(ii) 話者のパースペクティブの獲得は現行発話の発話時に先行する。(→過去時制の解釈)

c. 「非難」のニュアンスは排他的パースペクティブ集合の排他的論理和から生じ、発話時における話者の認識として解釈される。

「ル＋カラ節／ノデ節」と「タ＋カラ節／ノデ節」の形式上の違い

はル形かタ形かの一点にあるという事実をよく考えてみると
(53a-c)は活動動詞ル形に還元される意味だと述べても過言では
ないだろう。(53a-c)において決定的な意味をもち、明確な規定
を与えなければならないのは活動動詞ル形である。活動動詞ル形と
は一体何なのか。次節では活動動詞ル形の論理特性について理論的
基礎を与えよう。

6. パースペクティブの拡張と活動動詞「ル形」の論理構造

この節では、「カラ節／ノデ節」に含まれる活動動詞ル形は、概念的意味として（パースペクティブが異なれば異なる真理値をとる）「命題概念」*21 の表示、そして、手続き的意味として相互排他的パースペクティブ集合の設定を表すことを示す*22。

6.1 命題と命題概念

ここまでの議論から、「埋め込み節先行型ル形カラ節／ノデ節」は、時制解釈に関わる問題でありながら文や発話の記述／内容とその評価の基盤となるパースペクティブに深い関係があることが明らかになった。

ある主張や信念の内容を「命題」、その背景となる文脈を世界のあり様としての「可能世界」と呼ぶと、ある命題に対して想起され得る交替可能な可能世界をどのように分析するのかという問題は、可能世界の扱いをめぐる抽象的なレベルでの理論的な問題である。可能世界の観点から命題を分析することを最初に取り上げたのは様相論理学であり、命題は可能世界から真理値への関数として捉えられる（Kripke, 1972; Stalnaker, 1976）。即ち、命題とはある世界の特定のあり様の表示であり、どの表示に対してもそれを充たす（全ての）可能世界の集合が想起される。言い換えれば、どの命題も可能世界の集合を規定し、逆に、どの可能世界の集合も命題を規定する。従って、ある2つの主張や信念が同じ世界の表示であると言えるのは、2つの主張や信念が同じ可能世界の全てにおいて成立する

場合に限られる。

　以下では簡単のため、可能世界を持ち出すことなくパースペクティブという語を用いて、現実の発話行為を行う話者が想起する2つのパースペクティブ i と j を仮定してみよう。まず、i と j における当該命題の真理値を列挙する一次元的なマトリックスを使って、(54)の言語表現 ϕ の真理値を表示すると［A］のようになる。

(54) 太郎は昨日食べ過ぎて、お腹をこわしてしまった（んだ）

　［A］　　　i　　j
　　　　　　T　　T

［A］は、ϕ が異なる全てのパースペクティブで真になることを表す。

　今度は、(55)を例に考えてみよう。話者が想起するパースペクティブを i、主語の「太郎」が想起するパースペクティブを j とすると、(55)の真理値も［A］と同じになる。

(55) 太郎は昨日たくさん<u>食べた</u>から、お腹をこわしてしまった（んだ）

(55)の「タ＋カラ節」は文全体が客観的な事実を表すため、i でも j でも同じ真理値を取る命題として表示される。

　次に、(22)を見てみよう。(22)の「ル＋カラ節」は、上でも触れたように、話者のパースペクティブに属する情報を表す。従って、「ル＋カラ節」が表す記述内容は、文脈から想起される当該の記述内容への評価の基盤となるパースペクティブが異なれば、異なる評価を受ける可能性がある。この点が(55)にはない特性である。

(22) Kenは昨日たくさん<u>食べる</u>から、お腹が痛くなる（んだ）

さらに、(55)になかったものとして、(22)には話者からKenへの食べ過ぎに対する非難のニュアンスがある。そこで、次のような話者による元発話の発話文脈を想定してみよう。

(56) 昨日、私（＝話者）が「そんなに食べたら、お腹をこわすぞ」と忠告したところ、Kenは、忠告は隣にいる花子に対して発せられたものだと誤解し、そのまま食べ続けた。（そして、お腹をこわしてしまった。）

話者とKen以外のパースペクティブを捨象した発話文脈を仮定すると、(22)の意味は[B]のように二次元のマトリックスを使って表示できる。([B]では、話者が想起するパースペクティブをi、Kenが想起するパースペクティブをjとする。)

[B]　　　i　　j
　　　i　T　　F
　　　j　T　　F

[B]の垂直軸は発話文脈としてのパースペクティブを表し、水平軸は命題関数の項としてのパースペクティブを表す。従って、iに続く水平線がjに続く水平線と同じだということは、話者の発話に対して、話者とKenは(誤解を介して)同じ見解をもつことを示す。さらに、iに続く垂直線がjに続く垂直線と異なるということは、(22)のカラ節の記述が異なるパースペクティブでは異なる値を取ることを示している。

　ここで大切なことは、[B]の対角線上の値から明らかなように、[B]は(22)のカラ節の記述が話者の世界では真、Kenの世界では偽になるという点である。従って、厳密には、(22)のカラ節記述は「命題」ではなく、パースペクティブが異なれば異なる真理値をとる「命題概念」(propositional concept)を表すことになる。一方、このような矛盾が生じない(55)のカラ節の記述は「命題」を表すことになる。これをル形とタ形の分布を予測するという観点から言えば、カラ節／ノデ節にル形とタ形を認可する制約を、「命題概念」と「命題」というカラ節の表示対象の意味論的特性から規定できると言うことができるだろう。また、この対立から、「ル＋カラ節／ノデ節」と「タ＋カラ節／ノデ節」はカラ節／ノデ節の記述に関して排他的パースペクティブ集合の立ち上げに関わる文脈形成の可否に関して全く異なる特性をもつという想定が可能になる。

　以上、この項では、一次元と二次元のマトリックス[A][B]を使って(55)と(22)のカラ節の意味を記述した。別の言葉で言えば、[A]では、客観的事実に基づいた一次元的なパースペクティブから当該発話命題の真理値が表示されていて、カラ節主語の太郎が(55)をどのように評価していたかは見えない表示になって

いる。一方、[B]では、カラ節主語のKenと話者がそれぞれ想起するパースペクティブに基づいた二次元的なパースペクティブから当該発話の真理値が表示されていて、[A]では見えなかった話者とKenの2つのパースペクティブでの当該発話(「命題概念」)の評価が見える二重写しの表示になっている。そして、ほとんどの埋め込み節の時制がそうであるように、(55)の「タ+カラ節」は、[A]のように、文全体を客観的で(主節時基準の)一次元的なパースペクティブから記述するのに対して、(22)の「ル+カラ節」は、話者の主観的なパースペクティブを導入することで、[A]の客観的、一次元的なパースペクティブを崩し[B]の二次元的なパースペクティブへと[A]を拡張する意味特徴をもつ。重要なことは、繰り返し述べているように、(55)と(22)の形式上の違いはカラ節の主動詞がタ形かル形かの一点にあるという事実であり、さらには、[B]のように表示されるパースペクティブが異なれば真理値も異なる言語記述は、「命題」ではなく「命題概念」を表すのだが、その意味形成にル形の意味が決定的に関与しているという事実である。以上を簡潔に示すと次のようになる。

(57)「ル+カラ節／ノデ節」におけるパースペクティブのシフトとその拡張

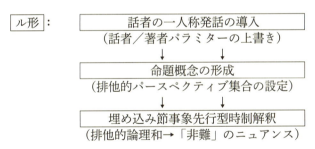

では、なぜカラ節／ノデ節に埋め込み節事象先行型活動動詞のル形が認可されるのか。次項では、この問題について考察する。

6.2 排他的パースペクティブ集合と「カラ節／ノデ節」

本項では、「ル+カラ節／ノデ節」が示唆／設定する対比文脈とは何で、どのように設定されるのか、埋め込み節事象先行型活動動

詞のル形がカラ節／ノデ節でなぜ認可されるのか、について考察する。

坂原（1985）によると、理由文は「前件が真である条件文」であると言う。前節では、「ル＋ノデ節／カラ節」は「命題」ではなくパースペクティブが異なれば異なる真理値をとる「命題概念」（propositional concept）を表し、カラ節／ノデ節に対して排他的パースペクティブ集合が立ち上げられると考えた。「ル＋ノデ節／カラ節」が真偽の定まらない命題概念を表すとすれば、「ル＋ノデ節／カラ節」に理由文としての分析を与えることはできないことになる。

ただ、先程触れたように、(22) では、カラ節主語の Ken と話者がそれぞれ想起するパースペクティブに基づいた二次元的なパースペクティブから当該発話の真理値が表示されていて、話者と Ken の2つのパースペクティブでの当該発話（「命題概念」）の評価が見える二重写しの表示になっている。このように「ル＋ノデ節／カラ節」はパースペクティブが異なれば異なる真理値をとる「命題概念」である、という考え方からすると、「ル＋ノデ節／カラ節」を含む理由文では、その真理値が不確定で命題概念を表すという「ル形」の語彙的情報を引金として、当該文脈に即して対比文脈あるいは排他的パースペクティブ集合が立ち上げられる、と述べることができるだろう。これを、(22) を例に表すと凡そ次のようになる。

(60) Ken は、たくさん食べる　　　⇒
　　　Ken は、たくさん食べない　　⇒　　お腹が痛くなる
　　　Ken は、適量を食べる　　　　⇒
　　　……………………………　　　⇒
　　　……………………………　　　⇒

他方で、客観的事実を表す「タ＋カラ節／ノデ節」では、排他的パースペクティブ集合が設定されることはない。従って、(61) が示すように、当該の前件だけが与えられると考えられる。

(61) Ken は、たくさん食べた　　　⇒　　お腹が痛くなる

この排他的パースペクティブ集合の設定可能性に関する「ル＋カラ節／ノデ節」と「タ＋カラ節／ノデ節」の対立は、ル形が認可され

る環境を考える上で極めて重要である。先述した通り、ル形はカラ節／ノデ節でのみ認可され、条件節等の埋め込み節では認可され得ない[23]。これには、(さらに検討しなければならないが)、「ル＋カラ節／ノデ節」と「タ＋カラ節／ノデ節」の間に見られる (60) と (61) のような明確な対立が、カラ節／ノデ節以外の埋め込み節には生じない、または、生じ難いため、当該節においてル形に埋め込み節事象先行型解釈が与えられることが担保されるとは限らないことが関係しているのではないかと推測されるからである。では、「ル＋カラ節／ノデ節」独自の時制解釈を生み出す文の論理構造とはどのようなものか。次節ではこの点について検討しよう。

7. パースペクティブ・シフトと De Re・De Se

本節では、パースペクティブの一貫性を欠く点で「ル＋カラ節／ノデ節」と共通する信念文や引用文／報告文を足掛かりに「ル＋カラ節／ノデ節」が認可される文の論理構造について検討する。

7.1 「混合話法」と「ル＋カラ節／ノデ節」

文内で複数のパースペクティブが交叉する現象は直接話法と間接話法が結合した所謂「混合話法」(blended speech) でも観察される[24]。1節で触れたように、間接話法と直接話法は幾つかの点で異なりを示すが、パースペクティブの一貫性を保持する点では共通する。間接話法では報告者のパースペクティブが文全体を支配することで、直接話法では引用符が元発話を囲って地の文からの独立性を確保することで、パースペクティブの交叉が阻止され一貫性が保持されている。しかし、「混合話法」や *logophoric pronoun* はその限りではない。次の例を見てみよう。

(62) 部長が私に明日東京へ行けと言った

(63) 先生がこっちへお見えになりたいんですって　　　(鎌田, 2000)

(62)(63) は文主語の「部長／先生」の元発話の一部 (*de se*) が間接話法に混入した混合話法の例であり、凡そ次のような特徴をもつ。

(64) 被伝達部（行け／〜たい）が引用符に囲われている場合と同じ振舞いを示す

(65) 時制、人称が現行の発話行為の話者ではなく、元発話者の発話行為の発話文脈／パースペクティブに基づき評価される

これを「ル＋カラ節／ノデ節」と比較すると両者は類似するいくつかの点を示す。類似の第一は、「ル形」は通常の統語的環境では認可されないが、カラ節／ノデ節ではその使用が（「　」で囲われているかのように）文全体の文法性、適格性に影響を与えないという点である。今1つは、「ル＋カラ節／ノデ節」が元発話者の発話行為の発話文脈に基づいて解釈される点である。後者は、（元発話者が主節主語という点が元発話者が話者の「ル＋カラ節／ノデ節」と異なるものの）、次の *logophoric pronoun* とも共通する特性である*25。

(66) John$_i$ said that "I$_i$" am a hero. (Amharic)　　(Schlenker, 2003)

(66) では、引用符付の一人称代名詞が主節主語の John を指す (Amharic 語の) *logophoric pronoun* に対応している。Schlenker (2003) によれば、*logophoric pronoun* は "In some languages (Amharic) indexicals are interpreted in verb complement clauses in relation to the context of the reported attitude, not in relation to the utterance context." とされ、主に認識動詞や発話動詞の補文に現れる。ただし、その分布は発話動詞や認識動詞の補文に限られるわけではなく、Anand and Nevins (2004) では "同じパースペクティブに属する要素は全て同じ文脈に属する" という〈shift-together constraint〉が提唱されている。

「ル＋カラ節／ノデ節」におけるル形の振舞いは、ル形の使用もカラ節／ノデ節の元発話者をカラ節や主節の主語から現行の発話行為の話者へと上書きすることで、カラ節／ノデ節のパースペクティブを現行の発話文脈から元発話の発話文脈にシフトさせる方略であることを示唆しており、背後に時制解釈と様相上の問題の融合を見ることができる。

7.2 De Re・De Se と時制の埋め込み

　このような様相上の問題を考えるに際して考慮すべきは、報告や伝達文で観察された de re と de se の解釈である。Lewis（1979）によれば、(67) のように信念主体の Heimson による自身に関する信念の表示は de se、(68) のように信念主体の Ralph の実体験に基づいた他者に関する信念の表示は de re に解釈される。ただし、どちらも that 節が直接体験に基づいた（Lewis の用語では acquaintance relation が成立している）信念の表示である点では共通しており、その限りにおいて、that 節の記述内容が成立する世界が存在していなくても文が偽になることはない。信念文の補文は believe より狭いスコープを取るからである。

(67) Heimson believes that he is Hume.

(68) Ralph believes that Ortcutt is a spy.

De se と de re のどちらも that 節が信念の主体を情報源とすることは、believe を say に替えても変わらない。De se と de re の違いは、あくまでも that 節が話者自身についての信念や発話を表すのか、(話者が直接見聞きした) 他者についての信念や発話を表すのか、という点にあるからである。「ル＋カラ節／ノデ節」の記述内容の情報源は話者であるので、カラ節／ノデ節の時制も元発話の発話文脈と発話時を基準に解釈される de re に対応する。一方、主節時を参照時とする相対的テンス（の「タ＋カラ節／ノデ節」）は de se に対応する。

　先述したように、混合話法の挿入部（主節主語の一人称発話）と「ル＋カラ節／ノデ節」（の時制解釈）は共に元発話の発話文脈を評価文脈とする。しかし、「ル＋カラ節／ノデ節」の時制が de re、混合話法の挿入部が de se になるのは、当該記述が主節主語による主語自身に関する信念を表示するのか、主節時ではない（元発話の発話文脈の）時点を評価時とするのかの違いにある。従って、「ル＋カラ節／ノデ節」の時制の埋め込みを考えるためには、カラ節／ノデ節の埋め込みを実際の表層文での埋め込みよりももう一段深くした構造を仮定する必要がある。例えば、カラ節／ノデ節の元発話者で現行の発話行為の話者でもある speaker* を含む CP1 が最上位に

位置して、カラ節／ノデ節IPと主節CP2をその作用域に含む(69)のような構造を仮定する必要がある。((69)では、Abusch (1997)の表記に従い前後関係を $Past_1 > Past_2 > Past_3$ と表示する*26。また、現行の発話行為の話者を *speaker**、主節主語を *subject*、埋め込み節の元発話者を *speaker* と表示する。)

(69) [$_{CP1}$ speaker$_i$* Past$_1$ [$_{CP2}$ subject$_j$ Past$_2$ [$_{IP}$ speaker$_i$ Past$_{1 \to 3}$]]]

(69)では、カラ節／ノデ節のル形は *speaker** を含むCP1に相対的に解釈される。そうでなければ、主節時基準の相対的テンス、即ち、*de se* になってしまうからである。しかし、(69)の構造にル形をA'束縛して認可するオペレータの位置する場所があるのだろうか。A'束縛が可能であるためには、そのオペレータはル形をC統御していなければならない。つまり、そのオペレータを含むCPがル形を支配していなければならず、論理的に可能な構造はSequence of tense rule（cf. (10)）から予測される次のようなものになる。

(70) [[$_{CP}$ subject$_j$ Past$_2$ [$_{IP}$ speaker$_i$ Past$_{2 \to 3}$]]

しかし、これではカラ節／ノデ節の時制解釈は *de se* になる。「ル形＋カラ節／ノデ節」が既存の方法では説明できず、(69)を仮定しなくてはならない理由は、カラ節／ノデ節の記述内容や時制解釈が元発話の発話文脈に基づくものである以上、カラ節／ノデ節に対して主節からの束縛ができない点にある。この問題を解決するために次節では「ル形＋カラ節／ノデ節」の適切な論理構造を提案しよう。

8. Shift-Together Constraint

次の例を見てみよう。

(71) 太郎は［彼がキスした女の子］にキスしなかったと言っている。

(71)は矛盾するという解釈も成り立つが、適格な文として解釈できるのは、「キスした」は報告者である話者自身の言葉として解釈され、「キスしなかった」は文主語の「太郎」の発話として解釈される場合である。この場合、「キスしなかった」は太郎の信念に属

するが、「キスした」は（silentな）話者の信念に属することになり、互いに排除し合わないからである。この話者と太郎の信念と「キスした」「キスしなかった」の作用域の関係は、（一段深い埋め込み構造に基づいた）(72)のようなものだと考えられる。

(72) ［私は C_A ［太郎は $Modal_1$ C_B ［［彼がキスした女の子 $_{\{A\}}$］にキスしなかった］と信じている］ことを信じている］。

(72)は「私」の発話文脈／パースペクティブでは「キスした」が成立し、「太郎」の発話文脈／パースペクティブ C_B では「キスしなかった」が成立していることを表している。これに対して、(71)の「彼」を「自分」に換えた(73)では、「キスした」の元発話者が「太郎」にシフトする。その結果、「キスしなかった」は「太郎」の嘘として解釈されることになる。

(73) ［太郎は $Modal_1$ C_B ［自分がキスした女の子 $_{\{B\}}$］にキスしなかったと言っている］。

(71)の名詞補文は *de re*、(73)の名詞補文は *de se* の解釈に対応するのだが、両者の違いは、「彼」と「自分」の一点にあり、(73)では、Kuno（1972）が *logophoric pronoun* とする「自分」が *de se* 解釈を与え、「太郎が嘘をついている」という読みを与える要因であると分析される。*Logophoric pronoun* については、前節でも触れたように、その多様な分布を予測するという観点から、Anand and Nevins（2004）は、"同じパースペクトに属する要素は全て同じ文脈に属する"という〈shift-together constraint〉を提唱している。この制約は *logophoric pronoun* についてのものだが、表層構造における構造関係ではなく、意味的作用域の概念を重視するという観点は、*de re* 解釈をもつ(72)のような例にも適用できるものである。〈shift-together constraint〉の内容を換骨脱退して仮に(74)のように記述してみよう。

(74) Shift-Together―同じ文脈／パースペクティブに属する要素 α、β は、同じ文脈／パースペクティブに基づいて評価されなければならない：
 a. C_A ［…$Modal_1$ C_B …［ α $_{\{A/B\}}$ …β $_{\{A/B\}}$ ］］
 b. *C_A ［…$Modal_1$ C_B …［ α $_{\{B/A\}}$ …β $_{\{A/B\}}$ ］］

しかし、(74) のままでは (75) のような制約が派生する可能性があり、(71) に対して (72) のように表層文より一段深い埋め込みを仮定しても、「キスした」の元発話者が、文主語の「太郎」ではなく、現行の発話行為の話者の「私」であるという解釈は得られない。

(75) 発話文脈 C_A の直近の埋め込み節で文脈／パースペクティブがシフトした場合、最も深く埋め込まれた要素 a が C_A に基づいて評価されることは阻止される：

$$C_A\,[\cdots \text{Modal}_1\ C_B \cdots\ [\cdots i_B \cdots \text{Modal}_2\ C_C \cdots\ [\cdots a_{\{*A/B/C\}}]]]$$

「私」のパースペクティブが「太郎」のパースペクティブに埋め込まれている (72) のようなデータを分析するために適切な論理構造はないということになる。

(69) に戻って言うと、カラ節／ノデ節のル形が1つ上に位置する CP2 ではなく、*speaker** を含む CP1 に相対的に解釈される適切な論理構造はない。同様の問題は、内包的文脈を導入する不透明動詞 ——*want, believe, think*—— の補文に含まれる名詞句 ——*a friend of mine, a woman from Stuttgart, my brother*—— が解釈の曖昧性を示す以下の例でも観察され、その現象は"スコープ・パラドックス"と呼ばれてきた。

(76) a. Mary wants a friend of mine to leave.
　　b. George believes that a woman from Stuttgart loves every member of the VfB team.
　　c. Mary thinks that my brother is Canadian.

von Fintel and Heim (2011) によれば、(76a) の "a friend of mine" には3通りの読みが成立する。最初の2つは、(i) Mary が想起する（友人の）誰かを指し、名詞句が不透明動詞より狭いスコープをとる non-specific *de dicto* と (ii) 特定の個体を指し、名詞句が不透明動詞より広いスコープをとる specific *de re* の2つである。従来、(i) と (ii) の対立は、名詞句と不透明動詞の相対的スコープに還元されるとされてきた (Fodor, 1970)。事実、不透明動詞のスコープ内にある限り、原則として "a friend of mine" に *de dicto* 以外の読みはない。つまり、*de dicto* は non-specific、*de re* は specific

な読みを示すということである。しかし、それ以外の読みがないわけではない。Non-specific な名詞句にも *de re* が成立する場合がある。例えば、(76a) の "a friend of mine" の指示対象の候補として有限個の個体を特定できるが、その中の誰を指しているのかが分からないという場合に生じる読みが non-specific *de re* であり、スコープ・パラドックスを引き起こす。

Percus (2000)、von Fintel and Heim (2011) は、このような例を適切に記述し分析する方法として以下を提案する。

(77) (i) World variable を明示されない world pronoun w（type s の変項として扱われる）として表示する。

(ii) World variable w は、抽象演算子によって束縛される。

(iii) 抽象演算子は、そのスコープ内の同一指標を有する全ての world variable を束縛する。

(iv) Generalization X

The situation pronoun that a verb selects for must be coindexed with the nearest λ above it*27.

(Percus, 2000: 201)

これに従えば、(76a–c) の読みそれぞれに次の論理構造が与えられることになる (von Fintel and Heim, 2011: 105)。(w_0 は文全体の評価文脈に当たる。)

(78) a. non-specific *de dicto*：

λ w_0 Mary wants w_0 [λ w_1 a friend-of-mine w_1 leave w_1]

b. specific *de re*：

λ w_0 [a friend-of-mine w_0] λ x_3 Mary wants w_0 [λ w_1 x_3 leave w_1]

c. non-specific *de re*：

λ w_0 Mary wants w_0 [λ w_1 a friend-of-mine w_0 leave w_1]

名詞句と抽象演算子のスコープ関係、及び、名詞句の world-argument の binder の選択に即して解釈が決まるが、この枠組の利点は文の論理構造を統語構造に即して記述し分析できることであり、

内包を表す文の意味を外延として扱える点にある。先述した通り、名詞句が不透明動詞のスコープに含まれる時、原則的に de dicto 以外の解釈はない。しかし、名詞句が様相演算子に対して狭いスコープをとる場合、world variable によりローカル束縛と長距離束縛が可能になり、non-specific に de dicto と de re の 2 通りの読みが可能になる。

　スコープ・パラドックスは、不透明動詞の補文に埋め込まれた名詞句だけに見られるものではない。「前件が真であると話者が信じる条件文」として現行の発話行為の話者のパースペクティブを挿入し、主節時制を参照時としない時制解釈を示す「ル＋カラ節／ノデ節」もスコープ・パラドックスの事例の1つである。そこで、「ル＋カラ節／ノデ節」を含む理由文は、一人称単純現在時制の認識動詞（「知る／思う／考える／見える」）などがある。ここでは便宜上、これらをまとめて「主観的態度動詞」(Subjective attitude verb: SAV) と呼ぶ。）の補文節に埋め込まれていると仮定して (77) の枠組を適用すると、(17a) (22) の論理構造は次のようになる。（抽象演算子は C^0 の主要部に表示されると仮定する。w_0 は（現行の発話行為の）話者のパースペクティブに基づいた評価文脈に当たる。）

(17) a. 昨日、妻があまり八釜しく言うので、私はその夕暮れ、レントゲン写真をもって勝呂医師をたずねた

(79) $[_{CP0} \lambda\ w_0\ [_{IP0}\ w_0\ \text{Speaker SAV}\ [_{IP1}\ [_{IP2}\ w_0\ 昨日、妻があまり八釜しく言う]（ので）[_{CP}\ \lambda\ w_1\ [_{IP}\ w_1\ 私はその夕暮れ、レントゲン写真をもって勝呂医師をたずねた]]]]]$

(22) Ken は昨日たくさん食べるから、お腹が痛くなる（んだ）

(80) $[_{CP0} \lambda\ w_0\ [_{IP0}\ w_0\ \text{Speaker SAV}\ [_{CP1}\ \text{Ken は}\ [_{IP1}\ [_{IP2}\ w_0\ \text{PRO}\ 昨日たくさん食べる]（から）[_{CP}\ \lambda\ w_1\ [_{IP}\ w_1\ お腹が痛くなる]]]]]]$ (んだ)

(79) (80) では、「ル＋ノデ節／カラ節」が $\lambda\ w_0$ によって束縛されている。$\lambda\ w_0$ に束縛される SAV の主語は現行の発話行為の話者であり、「ル＋ノデ節／カラ節」は de re に解釈される。

　また、「ル＋ノデ節／カラ節」の「埋め込み節事象先行型過去」

という解釈は、元発話の発話時における元発話者の評価文脈に基づいてノデ節／カラ節事象が主節事象の原因・理由と断定され「埋め込み節事象先行型」解釈を得、現行の発話行為の発話時を参照時に過去時制を得る、と考えられる（(53b)）。ただ、(79)(80) は「ル＋ノデ節／カラ節」の評価文脈を特定するが、他方で、活動動詞ル形が「昨日」のような時間副詞と共起する時制のパズルを示す例もある。過去時の読みはどのようにして生じるのだろう。先程の例をもう一度考えてみよう。

(17a) や (22) のノデ節／カラ節の記述は単独使用の場合、不適切になる。それは、活動動詞のル形が非過去の形式であるのに、「昨日」という過去の時間副詞と共起することは明らかに矛盾するからである。しかし、ノデ節／カラ節に埋め込まれると適切になる。それは、ル形が話者のパースペクティブを挿入するために使用されているからである。一方、時間副詞の「昨日」は発話文脈を参照して評価される次のような意味をもつ（Kaplan 1977, 1989）。

(81) 〚yesterday〛^{c,t,w} = the day before the day of c

埋め込み節の時制に絶対的テンスと相対的テンスがあるように、時間副詞にも発話時を参照時として解釈され、深く埋め込まれても解釈がシフトしないものと、文脈に応じてシフトするものがある。「昨日、今日、今」は前者、「翌日、前日」は後者の例だが、次の例は「昨日」が埋め込みの深さに拘わらず一貫して発話時基準の解釈を表すことを示している。

(82)a. 一郎は昨日別のクラブに移籍したことを2日後に発表する、と太郎は思っている

b. 2日後、警察は、昨日容疑者が逃亡したことを発表する

この「昨日」の特性を用いて予測をチェックすることができる。もし「昨日」を含む埋め込み節の表す事象が発話時の前日に生起したと解釈されなければ、「昨日」は容認されない筈である。次の例は、これが事実であることを示している。

(83)a. *一郎は昨日別のクラブに移籍したことを2日前に発表する、と太郎は思っている

b. *2日前、警察は、昨日容疑者が逃亡したことを発表した

「ル+ノデ節／カラ節」でも同じ予測が成り立つ筈である。次の例を比べてみよう。

(84)a. 2日後、太郎は、<u>昨日</u>妻が八釜しく言うので、…勝呂医師をたずねたことを花子に告げる
   b. *2日前、太郎は、<u>昨日</u>妻が八釜しく言うので、…勝呂医師をたずねたことを花子に告げた

予測通り、(a) 文の「2日後」を「2日前」に換えた (b) 文は不自然になる。不自然さの理由は、(b) 文では発話時が過去にシフトしているので、発話時が参照時の「昨日」のままでは、起こっていない出来事を過去の出来事として言及するという奇妙な読みが生じるからである。このことは、埋め込みの深さに関わりなく発話時だけを基準として解釈される「昨日」の特性が「ル+カラ節／ノデ節」でも保持されており、ル形の使用にも拘らず「ル+カラ節／ノデ節」では現行の発話行為の発話時を参照時とした過去時の解釈が適切になることを示している。従って、一見した所、「昨日」が主たる時制の決定要因であるように見える。しかし、明示的な時間副詞が現れない「ル+カラ節／ノデ節」もあり (cf. (17b, d))、時間副詞が主要因であるとは考えられない。では、過去時の供給源はどのようなものなのだろう。

　Abusch (1997) によれば、当該事象に後続して起こる事象や未来に生起する事象を、当該事象の原因、理由として提示することは難しく、特に、*de re* の読みをもつ埋め込み節は、発話時以前に生じた出来事を表し、生起時点と評価時がほぼ一致する、と言う。実際、「ル+カラ節／ノデ節」は、現行の発話行為の話者の直接体験や観察に基づいた記述内容をもち、その体験、観察は発話時以前に行われたものである (5節)。また、慣習性が関わる「ル+カラ節／ノデ節」は、特定の過去時を表す「昨日」のような時間副詞と共起し得ない点において (17a) や (22) の「ル+カラ節／ノデ節」と区別されたように、過去を表す時間副詞との共起は「埋め込み節事象先行型ル+カラ節／ノデ節」でのみ観察される現象である (2.1項)。これらのことから推測されるのは、「ル+カラ節／ノデ節 (〜タ)」は時間副詞の有無に拘わらず、その記述内容を過去の

出来事として処理することを要求するという語用論的な解釈上の制約を手続き的意味として含んでいるということである。そこで、(なお検証しなければならないが)、少なくとも今の段階では暫定的に「ル＋カラ節／ノデ節（〜タ）」は過去時（発話時以前）の読みをデフォルトとするという手続き的意味をもつと考えておこう。

一方、カラ節の主動詞である活動動詞がタ形の場合、カラ節がSAVに埋め込まれることはない。そのため、内包的読みが生じることも、カラ節事象が元発話者の発話文脈／パースペクティブを評価文脈として解釈されることもなく、主節のパースペクティブに基づいて相対的テンス（*de se*）の解釈を得る、と考えられる。

以上、本節では、「ル＋カラ節／ノデ節」の意味と時制解釈が表層構造における構造関係ではなく意味的作用域に基づいて説明されるべき現象であることを示した。これにより、ル形が「埋め込み節事象先行型過去時制」を示すという一見奇妙な解釈は、ル形が当該文のSAVへの埋め込みを示唆することから生じる現象であり、ル形がこのような解釈を示唆する慣習的な言語装置としての役割を果たしていることを明らかにした。

9. おわりに

本論では、「活動動詞ル形＋カラ節／ノデ節」を対象に、現象の背後に、時制解釈と（当該カラ節／ノデ節のパースペクティブが関与する）様相上の問題の融合が存在するとの観点から、一見不可思議な時制解釈のメカニズムの解明を試みた。その結果、「活動動詞ル形＋カラ節／ノデ節」は、話者の知識・信念を根拠とした話者のパースペクティブを表示すること、これに伴い、当該のカラ節／ノデ節と対立するパースペクティブを二重写しにして見せるパースペクティブの拡張を特性とすることを明らかにした。また、カラ節／ノデ節事象先行型活動動詞ル形の分布上の制約として、カラ節／ノデ節のパースペクティブの主体が現行の発話行為の話者であることに加えて、カラ節／ノデ節主語と現行の発話行為の話者のパースペクティブの非同一性が重要であることを指摘した。併せて、このよ

うな特徴をもつ「ル＋カラ節／ノデ節」の論理構造を world variable を world pronoun として表示する von Fintel and Heim (2011) らの枠組を援用して分析することを試みることにより、「ル＋カラ節／ノデ節」の意味と時制解釈が意味的作用域に基づいて説明されるべき現象であることを示した。

＊1 岩崎 (1994) では「従属節事象先行型」という用語が使用されている。本論では、データに即して「ル＋カラ／ノデ節」「ル＋カラ節」「ル＋ノデ節」などと表記するが、どれも「埋め込み節事象先行型活動動詞ル形＋カラ／ノデ節」の略記として使用するものであり、カラ節／ノデ節のどちらか一方について言及するものではない。なお、山森 (2009) では「従属節」を使用している。
＊2 「文脈」には談話文脈だけでなく発話文脈も含む。また、「パースペクティブ」に類似の概念に「視点」がある。本書では、当該の発話の記述内容Ｐの〈元発話者〉と〈現行の発話行為の話者〉を区別する。ただし、実際の文脈ではＰの元発話者と現行の発話行為の話者が (i) 同じ場合と (ii) 異なる場合があり、後者はさらに (a) 話者がＰを他者の発話として主張するだけで、Ｐの内容にコミットしない場合と (b) 話者がＰを主張し、かつ、Ｐを自ら積極的に選択する、即ち、Ｐの内容にコミットする場合の2通りに区別される。「視点」はどの場合も表すので、(i) と (ii) や (a) と (b) を区別することは難しい。そこで、本書ではＰの「評価文脈」としてのＰの〈元発話者〉と (b) の場合の〈現行の発話行為の話者〉の「視点」を「パースペクティブ」と呼ぶ。
＊3 以下の記述的定義は、The Handbook of Pragmatics (2004: 310–311) に基づいている。
＊4 主節時と同時を表す埋め込み節のル形は状態述語の場合が多く、活動動詞の場合、そのほとんどがル形ではなく、「彼は雨が降っていると思った」のように時間的幅をもったアスペクトを表すテイル形をとる。
＊5 (9a, b) のカラ節、ノデ節は法則性に言及しているニュアンスが感じられるとして、埋め込み節事象先行型解釈ではなく「総称」的な解釈が成立する可能性を考慮すべきであるとの見方もある。これは幸松 (2008) の「埋め込み節事象先行型」カラ節／ノデ節は総称的事象を表すという主張と重なる (2.1節)。ただ、総称性が関わる「ル＋カラ節／ノデ節」が特定の過去時を表す「昨日」等の時間副詞と共起できないことから、本論は、(9a, b) のカラ節、ノデ節は総称的な解釈を表さないとの立場に立つ。
＊6 岩崎 (1994) では「埋め込み節事象先行型」ではなく「従属節事象先行型」が使用されている。本書では「埋め込み事象先行型活動動詞ル＋カラ／ノデ節」「ル＋カラ節」「ル＋ノデ節」等と表記しているが、どれも「埋め込み節事象先行型活動動詞ル形＋カラ／ノデ節」の略記として使用している。なお、

本書ではカラとノデの違いについては立ち入らない。
*7　本書で考察対象とする〈ル形＋カラ節／ノデ節〉の時制解釈について、活動動詞の基本形としての用法の可能性について考慮すべきであり、主節事象と〈ル形＋カラ節／ノデ節〉事象の前後関係はカラ節、ノデ節が表す因果関係から派生するという見方も可能である。もしそうなら、カラ節／ノデ節以外の因果関係を表すノナラ節などでも活動動詞のル形とタ形の対立が捨象される筈である（岸本秀樹氏のご指摘（p.c.）による）。しかし実際に見てみると、予測に反してル形とタ形の対立が捨象されることはない。
　　　(i) a. 休むのなら、届出をだしてください　　　　　　（休む＞だす）
　　　　 b. 休んだのなら、届出をだしてください　　　　　　（休んだ＜だす）
　　　(ii) a. 太郎が来るのなら、花子は来ないだろう　　　　（来る＞来ない）
　　　　　b. 太郎が来たのなら、花子は来ないだろう　　　　（来た＜来ない）
(i)(ii) の (a) 文 (b) 文は共に文法的な文であるが、ノナラ節の主動詞がル形の (a) 文では主節事象後続型、逆に、ノナラ節の主動詞がタ形の (b) 文ではノナラ節事象先行型の解釈を得る。この対立を手掛かりとして言うと、主節事象と〈ル形＋カラ節／ノデ節〉事象の前後関係はカラ節、ノデ節が表す因果関係から派生する読みではないことが確認できる。
*8　(10) は Sequence of tense rule の範疇に属する諸説をまとめたものであり、各々の主張を全て反映しているわけではない。
*9　先行研究で主節過去時に埋め込まれた節の述語に非過去形が現れる例は、(本論で扱う「ル＋カラ節／ノデ節」を除けば)、(14) および *be pregnant / be sick* 等の状態述語を含む (i) や非状態述語がテイル形を取る (ii) のタイプに集中している。
　　　(i) John said that Mary is pregnant / sick.
　　　(ii) 僕は公園で泣いている女に出会った
(i) は that 節事象が主節時と発話時（現在）の両方で成立する double access reading をもつ。これに関して Ogihara (1989: 327) は、英語では、埋め込み節の現在時制は local evaluation time（believer's now）と重複するとし、埋め込み節時制の node がコピーされ主文に付加されるという次のような分析を行っている。
　　　(iii) [$_S$ [$_{Aux\,k}$ Pres] [$_S$ John Past say that Mary [$_{Aux\,ek}$ Pres] be pregnant]]
((iii) について、Abusch (1997) は通常「コピー」ではなく痕跡を元の位置に残して動く「移動」の概念が使用されるとし、「コピー」を選択する根拠を示す必要があると述べている。)
一方、(ii) の「泣いている」は時間幅をもった事象を表し、主節事象時——「出会った」——と同時に解釈される。なお、日本語では過去時制に埋め込まれた活動動詞のル形が発話時でも成立する double access reading をもつことは難しいと言われている。
*10　岩崎 (1994) は、「埋め込み節事象先行型」解釈が成立するカラ節／ノデ節の例として、(17a-d) 以外に (i)–(iii) の例を挙げている。
　　　(i) さらに医務室で凄まじい音がつづくので、私は起きて行ってドアを開けてみた
　　　(ii) 目の前の2人があまりに淡々と普通の親子の会話をするので、私は目

まいがした
(iii) 声がするから、誰かと思った…

上記の例は、「埋め込み節事象先行型」とは限らない。主節事象と「同時」であっても良い。その理由は以下のようなものである。まず、(i) (ii) のノデ節主動詞「音がつづく」「会話をする」は時間幅をもった事象を表すので、主節事象と「同時」の解釈がデフォルトであると考えられる。また、(iii) の「声がする」は「声が聞こえる」とパラフレーズできると考えるなら、「声がする」は「ある時間的区間において、そのような知覚が成立していることを表示し、その区間においてはその知覚作用に変化がない…、状態動詞に属する」(町田、1993: 32) と考えらえる。従って、注9で触れた「僕は公園で泣いている女に出会った」の「泣いている」は時間幅をもった事象を表し、主節事象時——「出会った」——と同時に解釈されたが、これと同じ解釈が (iii) でも成り立つことになる。以上から (i) – (iii) の「ル+ノデ節／カラ節」は主節事象と「同時」がデフォルトで、厳密には、本論で考察対象としている「埋め込み節事象先行型ル+ノデ節／カラ節」とは別の範疇に属すると判断される。

*11 Tamura (2009: 505) では "foreseeability" を次のように定義する。(EA：epistemic agent, t: time, K $_{\langle EA, t \rangle}$:Knowledge at a viewpoint $\langle EA, t \rangle$ を表す。)

—*Foreseeability*: P is *foreseeable* from the viewpoint $\langle EA, t \rangle$ iff in every possible world w such that
(i) w is compatible with K $_{\langle EA, t \rangle}$ (modal base), and
(ii) w sufficiently conforms to the natural or planned course of events (ordering source), $\exists e \ [P \ (e) \ \& \ t < e]$ is true.

*12 これらは鎌田 (2000: 158) が臨場感を醸し出すと言う要素と同じく「劇的効果」を与えると考えられ、(17d) の「しつこく」にも同じ効果が認められる。

*13 この点についてはカラ節事象に偶然性が読み取れるか否かがル形認可の主要因だとも言えそうである。そこで、評価の意味合いが強く出る「ヤツニ出会ウ」を「事故ニ巻キ込マレル／ガ起コル」に換えるとどうなるか見てみよう。
(i) a. アノトキアンナ事故｛ニ巻キ込マレル／ガ起コル｝カラ、
       待チ合ワセニ遅レテシマッタンダ
    b. ?アノトキ（アノ）事故｛ニ巻キ込マレル／ガ起コル｝カラ、待チ合ワセニ遅レテシマッタンダ

インフォーマントにも確認したところ、(b) 文よりも (a) 文の方が自然であると判断されたことから、(i) でも「アンナ」がル形認可の主要因であることに変わりはないと考えられる。

*14 ただし、インフォーマントにより、(33b) はノデ節事象先行型と判断される場合がある。

*15 注9、10も参照のこと。

*16 なお、一般的に「信じている」は栓に分類されるが、厳密にはこれは「〜と信じている」の場合である。「ことを信じている」の場合、(i) の (b) 文のように、「信じている」を否定してもコト節は否定されないことから、穴に分類されると考えられる。

(i) a. 花子が嘘をついていると太郎は信じている／信じていない
b. 花子が嘘をついていることを太郎は信じている／信じていない

*17 Karttunen（1973, 1974）によれば、条件文 *if ... then ...* の前提の受け渡しは次のように記述される。

(i) If p → q is uttered in context c, then c is the local context for p, and c+p is the local context for q.

坂原（1985）は、「Pカラ／ノデQ」の理由文は「前件が真である条件文」だと言う。理由文でも (i) 同様、c+p が q の local context を構成するなら、p のパースペクティブの主体に関する情報も c に含まれることになり、叙実動詞補文への埋め込み可能性を介して、カラ節／ノデ節 (p) のパースペクティブの主体が前提されているか否かを調べられると考えてよいだろう。

*18 本書では（50a-d）が非人称主語を含むことがル形の認可されない理由だと述べているが、非人称主語を含む岩崎（1994: 111）の以下の (i)(ii) の容認可能性はどう説明されるかについて簡単に説明しておく。

(i) 〈…塩狩峠の上り急勾配を進行中、突然分離し、兄の乗っていた最後部の客車が急速度で元の峠の方に逸走するので、脱線転覆は免れまいと乗客は総立ちとなって、救いを求め叫ぶ有様に車内は騒然たる大混乱であった　　　　　　　　　　　　　　　　（『塩狩峠』p.381）

(ii) さらに医務室で凄まじい音がつづくので、私は起きて行ってドアを開けてみた　　　　　　　　　　（『どくとるマンボウ航海記』p.22）

(22)（=（9a））Ken-wa [kinoo takusan tabe-ru] kara, [onaka-ga itakunar-u] nda]

まず、本書が主張する（50a-d）でル形が認可されない理由のポイントは、「ノデ節は話者（である一人称主語）が自分自身について知り得る客観的な事実を表す」ため「ノデ節事象と対立するパースペクティブが伴立される可能性はない」点にある。ノデ節主語が非人称主語であることをもってル形の認可条件と見なすわけではない。なお、(i) は（全知全能の）語り手による語りの一部で、実際に話者自身が当該列車に乗車していた場合には「私の乗っていた列車が…逸走したので」のようにタ形が使われる筈である。従って、この種の（全知全能の）語り手と（50a-d）の話者を同等に扱うことは適切ではない。また、注10 および 3.2 項で触れた通り、(ii) のノデ節は主節と「同時」を表すため、「埋め込み節事象先行型ル形」の例ではない。

*19 先述した通り、岩崎（1994）の主張する「カラ節／ノデ節主語と主節主語の非同一性」が成立しない例があることは、尾野（1999）でも指摘されている。ただ、尾野（1999）からは、カラ節／ノデ節事象と対立するパースペクティブの設定可能性、その結果生じるパースペクティブの拡張がル形の認可条件であることを予測することはできない。

*20 「排他的論理和」(exclusive disjunction) は、所与の 2 つの命題のいずれか 1 つが真となる論理演算を指す。

*21 「命題概念」の詳細は、Stalnaker（1999）を参照。

*22 「概念的意味」と「手続き的意味」は関連性理論の概念である。

*23 例えば、(i) のような例があげられる。

(i) *Ken は昨日たくさん食べる {ば／なら／と}、お腹が痛くなるんだ

*24「混合話法」の詳細は鎌田（2000）、Maier（2007）等を参照。
*25 (66) は Amharic 語の英語への逐語訳である。英語では、"John$_i$ said that he$_i$ is a hero." のように "*he*" が使用される。
*26 (69)(70) の Past$_{1\to3}$ および Past$_{2\to3}$ は、便宜上 Past$_{1/2}$ を前提として Past$_3$ が導出されたことを表す。
*27 "Situation pronoun" は "world pronoun" に対応する。

第4章
いわゆる非分析的否定疑問文の分析

　非分析的否定疑問文は、「Pじゃないか」という否定疑問文の形式をとるが、述語や文を否定辞の作用域にとる「記述否定」(*descriptive negation*) や、先行発話の前提や含意を否定する「メタ言語否定」(*metalinguistic negation*) の範疇に入るものではない。そのため、これらの従来の否定の概念だけでは、非分析的否定疑問文に現れる否定辞の明示的な働きを特定することができない上に、否定辞を含む文末連鎖の「じゃないか」の意味特性を説明することにおいても無力である。この否定辞を含む文末連鎖の「じゃないか」は、個々の構成素の意味を単純に足し算しても、当該の意味を得ることができないことから、一種のイディオムとして扱われてきた。このような「じゃないか」の問題を解決するのに役立つのが、「Pであり、かつ、Pでない」という自己言及性を特徴とし、Pの真偽が循環する所謂「嘘つき文」である。「嘘つき文」については、主に哲学や論理学の分野で多くの研究がなされ、さまざまな解決策が提案されている。本章では、状況は世界の部分を構成する、という状況の部分性を主張する状況理論に立脚したDevlinによる「嘘つき文」の分析を援用して、(i)「Pじゃないか」に含まれる「ない」が否定している対象は何か、(ii) 肯定への偏りをもつ概言のムードはどのようにして生じるのか、について考察する。また、「Pじゃないか」は「Pなん（の）じゃないか」「Pじゃないのか」のように「の」を挿入しても意味に変化がないことから、(iii) Pを埋め込む「の」の役割は何か、を理解して初めて正しく理解できる側面をもつように思われる。本節では、以上の (i) ～ (iii) の問題を特に注視して取り上げる。そして、拘束形態素の連鎖である「ん（の）じゃないか」という環境における個々の形態素の意味特性を詳しく調べてみると、個々の要素の意味特性から分析的・構成的に意味が算出で

きること、また、第3章で見た、話者情報が依存するパースペクティブと対立する別のパースペクティブを二重写しにして見せるパースペクティブの拡張に類するメカニズムが、「Pじゃないか」の解釈でも重要な働きをしていることを示して、第2章と第3章で提案した、異なるパースペクティブ——〈話者の志向するパースペクティブ〉と〈Common Ground〉——の関係が意味の生成に本質的に関与するとの主張を展開する。

1. はじめに

　そもそも否定疑問文と呼ばれる形式は、否定辞が付加された述語を含む肯否疑問文の一類型であるところから、この名前が付けられている。しかし、日本語の否定疑問文には、問題となる命題を真と見なし（あるいは推測し）、確認のために相手に質問をするという〈肯定的偏り〉をもつものがあり、否定疑問文といっても個々の否定疑問文の特質が必ずしも同じであるとは言えない部分がある。例えば、（1a）と（2a）の文末に生起する〈コピュラ＋否定辞＋疑問詞〉の連鎖である「じゃないか」は、否定辞を含むにも拘わらず、「あれは華子だ」や「何かある」という命題を否定するのではなく、（1b）（2b）と同じ肯定命題への話者の概言（話者の想定の確信度）を表す。
　（1）a.　（ひょっとして）あれは華子じゃないか
　　　 b.　あれは華子だろ／でしょう
　（2）a.　（ひょっとして）何かあるんじゃないか
　　　 b.　何かあるんだろう／でしょう
この文末連鎖が表す概言のムードは個々の構成素の意味を単純に足し算して得られるものではない。そのため、田野村（1990）では、(1a)(2a)を「非分析的否定疑問文」と呼んでいる。
　「非分析的否定疑問文」が通常の否定疑問文と異なることは、次のようなふるまいによって確認できる。まず、（3）の(a)文と(b)文の対立が示すように、通常の否定疑問文は、（否定文脈で認可される）「何も」「全然」などの〈否定対極表現〉と共起し、（肯

定文脈で認可される)「何か」「少し」などの〈肯定対極表現〉とは共起できない。

(3) a.　彼は {何も／全然} 飲まない
　　 b. *彼は {何か／少し} 飲まない

ところが、これとは逆に、(4a, b) が示すように、非分析的否定疑問文では肯定対極表現が認可され、否定対極表現が認可されないことが見て取れる。

(4) a.　彼は {何か／少し} 飲むんじゃないか
　　 b. *彼は {何も／全然} 飲むんじゃないか

(3a, b) と (4a, b) のコントラストから、非分析的否定疑問文は否定辞を含むものの、否定命題を作らず、肯定命題への話者の概言を表すことが分かる。

このことはまた、非分析的否定疑問文への返答に使用される「はい」と「いいえ」の選択制限によっても確認することができる。一般的に、肯否疑問文への返答で使用される「はい」「いいえ」、あるいは、yes, no の選択は、否定疑問文では日本語と英語の間で逆転する。例えば、(5) の (a) 文と (b) 文の対立が示すように、日本語で「はい」の場合、英語では no、日本語で「いいえ」の場合、英語では yes がそれぞれ選択される。

(5) a.　Didn't you go to school yesterday?
　　　　　— Yes, I did. / No, I didn't.
　　 b.　昨日学校に行かなかったのですか
　　　　　—いいえ、行きました
　　　　　　はい、行きませんでした

一方、(6) の (a) 文と (b) 文のように、肯定疑問文の場合には yes, no の選択に関する日本語と英語の違いが生じることはない。

(6) a.　Did you go to school yesterday?
　　　　　— Yes, I did. / No, I didn't.
　　 b.　昨日学校に行ったのですか
　　　　　はい、行きました
　　　　　いいえ、行きませんでした

久野 (1973) によると、英語の yes, no の選択基準は質問対象とな

る命題の真理条件であり、問題となる命題が真なら常にyes、偽なら常にnoが選択される。これに対して、日本語の「はい／いいえ」の選択基準は、質問者の予測の妥当性にある。そのため、命題の真偽（肯定、否定）に拘らず、答が質問者の予測通りであれば「はい」、予測通りでなければ「いいえ」が選択されることになる。つまり、(6b)の「はい」は質問者の予測が正しいことを、「いいえ」は質問者の予測がはずれたことを表している。

では、非分析的否定疑問文ではどうだろう。

(7) 昨日学校に行ったんじゃありませんか
　　―はい、行きました
　　―いいえ、行きませんでした

(7)が示すように、肯定疑問文の場合と同じ選択がなされることが分かる。つまり、非分析的否定疑問文の〈コピュラ＋否定辞＋疑問詞〉の文末連鎖が否定命題を形成することはなく、「だろう」や「でしょう」と同じく、肯定命題に対する話者の概言や推測を表すムード表現としての特性をもつということである。

このような特徴をもつ非分析的否定疑問文は通常の否定疑問文と同じく、文末に上昇音調を取る。ただ、注意しておきたいのは、これとは別に、(8a, b)のように下降音調を取り、「あれは華子だ／何かある」という断定を表すものがある。

(8) a. （やっぱり／*ひょっとして）あれは華子じゃないか（↓）
　　b. （やっぱり／*ひょっとして）何かあるん（の）じゃないか（↓）

(8a, b)においても、〈コピュラ＋否定辞＋疑問詞〉の連鎖が表す断定のムードは個々の構成素の意味を単純に足し算して得られるものではない。その意味で、どちらのタイプの非分析的否定疑問文も「じゃないか」を構成する個々の構成要素の関係をめぐって深刻な構成性のパズルを提起する。

膠着言語である日本語には、多種の拘束形態素から成る複雑な連鎖が多く作られ、個々の形態素からどのような意味や構造が組み立てられているのかがわかりにくいという特性がある。「じゃないか」

もその例外ではなく、従来の研究では、イディオム性が高いムード表現という視点から、連鎖の構成要素の関係は研究の対象としてあまり取り上げられてこなかった。しかし、これらの連鎖を文末に含む文の用法や談話上の機能だけを見ていても、文末に現れる否定辞「ない」が否定の機能をもたず、〈コピュラ＋否定辞＋疑問詞〉の連鎖が概言や断定のムードを表すことができるのはなぜかという問題を説明できないことは明らかである。本章では、非分析的否定疑問文を対象に、文末に生起する〈コピュラ＋否定辞＋疑問詞〉の個々の要素の結合関係について新たな分析を展開し、その意味の生成に、否定と全く同じではないが、否定を構成する特性の幾らかが関係しているとの観点に立って、「じゃないか」が従来の研究が述べているよりももっと明確な論理構造をもっていることを主張する。

　本章の構成は以下のとおりである。2節では、まず否定と疑問の概念を再確認し、自然言語に現れる否定と非分析的否定疑問文の否定を比較する。3節では、非分析的否定疑問文が構成性のパズルを生じる問題の核心を特定する。その上で、4節では、形式名詞「の」および〈コピュラ＋否定辞＋疑問詞〉の構成要素それぞれの意味機能の分析を進め、概言のムードが産出される仕組みを明らかにする。5節では、4節の分析結果を踏まえて、非分析的否定疑問文に概言と断定の2つの読みが生じる仕組みを明らかにし、生起環境（のデータ）と照合する。最後に、6節はまとめである。

2. 否定文と疑問文の一般的特徴

　純粋に論理的な視点から否定疑問文を分析すると、否定と疑問はいくつかの特性をもっていることが分かる。否定と疑問の形式を含む文では、その特性の全てが成立するのではなく、環境に応じていくつかの特性が成立して個々の意味を生成していると考えることができる。本節では、否定文と疑問文がどのような特性をもち、そのうちどの特性が非分析的否定疑問文に影響を及ぼしているのかを確認し、通常の否定疑問文とは異なる特性を示す非分析的否定疑問文の分析に際して取るべき方向と、解決しなければならない問題点を

明確にする。そのためにまず、否定と疑問について研究史上明らかにされてきたいくつかの特性を確認することから始めよう。

2.1 否定文と疑問文の論理特性

　日本語の否定文は、随意的に否定の作用域が変化し構造的に曖昧であるため、否定辞「ない」の作用域が表層構造・LF などの統語構造における C 統御関係によって一意的に決まらず、動詞語幹と否定辞からなる文字列が常に統語的構成素になるとは限らない*1。例えば冒頭の (1) では、否定辞の作用が及ぶ意味論的なスコープには次の 2 通りの可能性がある（¬ は否定演算子を表わす）。

　(9)　あれは ¬［華子だ］］（否定）
　(10) ¬［あれは華子だ］　（否認）

(9) は、埋め込み文を伴わない述語句否定で、「あれは華子だ」が偽であることを表し、(10) は文（命題）否定で、既になされている「あれは華子だ」という断定の否認を表す。

　一方、疑問文には肯否疑問文と「誰／何／いつ」などの疑問詞を含む疑問詞疑問文の 2 つのクラスがある。どちらも（当該命題の真偽判断を表す平叙文とは異なり）、可能な答の集合である Answer-Set（q）を構築するとされる。次は、Hamblin（1970）が規定する Answer-Set（q）*2 の例である。

　(11)a.　Answer-Set ("Who likes Bill") = λ p［∃ y (p = LIKES (y, bill))］= {LIKES (j, b) , LIKES (m, b), LIKES (c, b), …}

　　　b.　Answer-Set ("Does Bill like Mary") = λ p［(p = LIKES (b, m)) ∨ (p = ¬ LIKES (b, m))］= {LIKES (b, m), ¬ LIKES (b, m)}

(11b) は、肯定疑問文 "Does Bill like Mary?" の Answer-Set が "Bill likes Mary" と "Bill does not like Mary" の 2 つの命題を含むことを表す。肯定疑問文を否定疑問文 "Doesn't Bill like Mary?" に換えても、構築される Answer-Set はこれと同じものである。（日本語の肯否疑問文においても同じである。）

2.2 自然言語の否定と論理特性

ところが、自然言語の否定はそれほど簡単ではない。例えば、論理学では、命題論理における否定（¬）に次の2つの法則が成立することが知られている。

(12) a.　矛盾律：¬ (P ∩ ¬ P)
　　 b.　排中律：P ∪ ¬ P

矛盾律は命題Pとその否定¬Pが共に真ではあり得ないことを表し、排中律は命題Pかその否定¬Pのどちらか一方が必ず真である（＝共に偽ではあり得ない）ことを表している。従って、(11b) のAnswer-Setに含まれる2つの命題は、矛盾律から共に真であり得ず、排中律から共に偽ではあり得ないため、必ずどちらかの命題が成立しなければならない、という関係にあることが導かれる。ところが、自然言語の分析においては、BillはMaryのことが好きか嫌いかのどちらかであるわけではない。例えば、BillはMaryのことが好きでも嫌いでもないという可能性も十分にある。その場合、(11a, b) に含まれる2つの命題は、共に真ではないが、共に偽でもなく、矛盾律は成立するが排中律は成立しない、という関係が成り立つことになる。

また、自然言語の否定には前提の問題も絡んでくる。例えば、(13) の (a) 文と (b) 文の間に矛盾律が成立するには、「現在のフランス王」が少なくとも1人存在している、という存在前提（existential presupposition）が充たされている必要がある*3。

(13) a.　現在のフランス王は禿である
　　 b.　現在のフランス王は禿ではない

ところが、(b) 文の否定文には、2通りの解釈があり、解釈によっては、(a) 文と (b) 文の間に矛盾律が成り立たなくなる場合がある。1つ目の解釈は、否定辞が述語を否定する狭いスコープをとる場合である。このとき (b) 文は「現在のフランス王が唯一人存在し、その王が禿ではない」を意味し、「現在のフランス王」が存在前提を充たしていれば真、充たしていなければ偽になる。2つ目の解釈は、否定辞が文全体を否定する広いスコープをとる場合である。このとき (b) 文は「現在のフランス王が禿である、ということは

ない」を意味するのだが、「現在のフランス王」が存在前提を充たしていなくても真になる（野本,1988）。Horn（1985）によれば、1つ目の解釈は命題の真理条件を否定する「記述否定」（descriptive negation）、2つ目の解釈は「現在のフランス王が禿である、ということはない。フランスには王がいないので」のように発話の前提を否定する「メタ言語否定」（metalinguistic negation）の例である。メタ言語否定は、発話の前提を否定するので、存在前提が充たされない以上、矛盾律や排中律を適用することは非常に困難なように思われる。

しかし、自然言語の否定が論理学的な否定と全く異なるふるまいを示すわけではないだろう。それよりも、統語構造や語彙項目（の存在前提）だけでなく、発話文脈や話者のパースペクティブなど多様なレベルに作用する否定には、何らかの共通する意味特性や語用論的特性がある、と仮定する方が妥当であると思われる。このような視点から、次節では、非分析的否定疑問文に含まれる否定のふるまいに注目して、非分析的否定疑問文の文末連鎖「じゃないか」の構成性の問題について検討しよう。

3. 否定と構成性の問題

1節で触れたように、膠着言語としての日本語の特性から、ムードを表す形式には多種の拘束形態素から成る連鎖が多く含まれる。そのため、これらの連鎖は個々の形態素の意味を単純に足し算しても全体の意味が得られないという構成性のパズルを提示する。そのため、（頻繁に論じられてきた「ようだ、らしい、だろう」などの情報源の証拠性に関わる助動詞類に比して）、想定の確信度である概言のムードを表す「じゃないか、に違いない、かもしれない、なければならない」などはこれまで言語研究の対象としてあまり取り上げられてこなかった*4。しかし、一見、分析不可能のように見えるこれらの文末連鎖を注意深く見てみると、否定辞を含むものが多いことに気付く。英語でも、否定が *have to, may, can* などのムード述語と一緒に使用される例が多くあり、否定とムードの間には

深い関係があることが窺える。本節では、「じゃないか」に何らかの構成性があるとの観点から、個々の構成要素について検討する。まずは、「じゃないか」に含まれる否定の役割から考察しよう。

3.1　メタ言語否定

　非分析的否定疑問文の文末に生起する「ない」が命題の真理条件を否定するものではないとすると、一体何をするものなのだろう。前節で触れた通り、Horn（1985, 1989）は、命題の真理条件を否定する記述否定に対して、語用論的な見地から、先行発話が随伴する前提や会話の含意、アクセントなどのさまざまな要素に異議を申し立てるメタ言語否定という概念を提唱している。非分析的否定疑問文の文末に生起する「ない」が否定命題を形成しないとすると、それがメタ言語否定であるかどうかは重要である。

　メタ言語否定は先行発話の前提（cf.（13b））や会話の含意を否定する。例えば、(14a) でメタ言語否定の対象となるのは"some men"の尺度性含意—"not all men"—であり、(14b) の読みが導出される。

(14) a.　Some men aren't chauvinists.
　　 b.　All men are chauvinists.

もし非分析的否定疑問文もメタ言語否定の例であるとすれば、(15a) の非分析的否定疑問文において否定の対象となるのは「少し飲む」の尺度性含意—「沢山飲むことはない」—であり、(15b) の読みが得られる筈である。しかし、実際に (15a) が表しているのは (15c) の読みである。これは、メタ言語否定と見なすことのできない読みである。

(15) 　a.　彼は少し飲むんじゃないか
　 →b.　*彼は沢山飲むんじゃないか
　 →c.　彼は少し飲むだろう

記述否定でもメタ言語否定でもないとすると、第三の可能性として浮かび上がってくるのが、「Pであり、かつ、Pでない」という論理学では矛盾文として排除される自己言及的で真偽の定まらない循環的な読みをもつ文の可能性である。

第4章　いわゆる非分析的否定疑問文の分析　　93

しかし、前節で触れたように、自然言語の否定には、文脈に応じて否定対象の存在前提が設定されるので、矛盾否定の例外が生じる場合がある。例えば、(16)の(a)文と(b)文の間に矛盾関係が成立するためには、「日本人」の存在前提が充たされている必要がある。

(16) a.　日本人は親切だ
　　　b.　日本人は親切ではない

論理学では例外なく「すべての日本人」の存在が前提されていなくてはならない。しかし、文脈を伴う自然言語では、いかなる文脈においても例外なく「すべての日本人」の存在が前提されているということは難しい。実際には、存在前提が充たされる範囲において「すべての日本人」の存在が前提されている、と考えたほうがよい。想起される文脈／パースペクティブが異なれば、「日本人」の範囲も違ってくるので、(a)文と(b)文が共に真であっても矛盾しないことになる。

このように見方を変えると、非分析的否定疑問文を真理条件の文脈依存性が関わる現象として捉えることができるようになる。非分析的否定疑問文の「Pじゃないか」は、形式的には「Pであり、かつ、Pでない」と全く同じものではないが、肯定的偏りをもつことから明らかなように、話者が「Pではない」(という自身の発話)と矛盾する「Pである」を示唆するものと見てよいだろう。このような意味を説明するためには、Pの成立する範囲を1つに限らない、という二律背反的なパースペクティブが非分析的否定疑問文の中に収容されている必要がある。しかし、そのためには、どのようにして矛盾するパースペクティブが含まれ得るのか、そのメカニズムや方法を明らかにしなければならない。

そこで、次項では、Devlinによる(1つの文中で、PとnotPが循環する)「嘘つき文」の分析を足がかりに、非分析的否定疑問文の論理構造を考察しよう。

3.2　PでありPでない

〈コピュラ＋否定辞＋疑問詞〉の連鎖の構成性のパズルを解くた

めに解決しなければならないポイントは、文脈／パースペクティブを非分析的否定疑問文の分析の中に収容する明快な方法がないという点にある。

● 〈Hintikka〉

これに関連して、Hintikka（1962）は、"P & ¬ P"（「Pであり、かつ、Pでない」）の2つの命題の信念主体を分離することによって、矛盾を解消できると言う。具体例を概観するために、Hintikka（1962）に習って、2つの命題の信念主体を異なる人称／個体の a と b としてみよう。これは、(17)のように表される。（Bは *believe* を表す。）

(17) Bb (P & 〜BaP)

(17)は、「Pであるが、a はPということを信じていない」を意味しており、b が誰であろうと a と同じ個体でない限り成立する。ただし、注意しなければならないことは、a は一人称話者であってはならないということである。Hintikkaの功績は、人称を変え、異なる信念主体をPと¬Pにそれぞれ仮定することにより、"P & ¬ P"という論理学が抱える伝統的な問題を解決できることを示したことにある。しかし、非分析的否定疑問文について言えば、常に異なる2人の信念主体の a、b が現れるわけではない。例えば、(15a)のような例では、表層文に主語の「彼」しか現れず、これに(17)を当てはめることは困難である。また、非分析的否定疑問文には、常に信念主体として一人称話者が潜在している、と考えられる。

● 〈Devlin〉

Devlinは、自己言及的で循環的な発話とされる「お前なんか大嫌いだ、なんちゃって」、「この主張は真ではない」などの所謂「嘘つき文」*5 の意味を命題の真偽は発話状況に依存するという状況理論*6 の立場から分析した*7。状況理論では、状況は実世界の部分的実在であり事態によって分類される。状況理論の基本的な主張は、〈命題の真偽の状況依存性〉と、状況が世界の部分を構成するという〈状況の部分性〉の2点にある。例えば、日本で「今午後

8時です」と発話した場合、この命題の真理条件は、発話状況が「日本における今ここ」の現実状況であれば真、「中国における今ここ」が発話状況であれば偽となる。この事例は、命題の真理条件の状況依存性を示すと同時に、同じ命題が中国では偽でも日本では真となることから、状況は世界の部分を構成するという〈状況の部分性〉を示してもいる。

　以上を頭に置いて、Devlinの「嘘つき文」の分析を見て行こう。まず、この種の発話は、話者aが言語Lを用いて命題Pを主張するもので、次のように記述することができる。

　（18）P = {P is false}

状況理論では、Pの真偽は（発話）状況によって決定される。そのため、厳密には、Pの意味を決定するためには、「Pは状況sにおいて真である」のように、Pが断定される状況について言及する必要がある。これを表記すると次のようになる。（$s \vDash P$は「Pが状況sの中で成立している」ことを表す。）

　（19）P = {$s \vDash P$}

仮に、aが現実の状況sにおいてPが真であると考えたとすれば、それは次のように記述される。

　（20）$s \vDash P$

（18）から、（20）は次のようにも記述できる。

　（21）$s \vDash$ {P is false}

しかし、（21）は（20）と矛盾する。従って、もしaが真実を語っている（嘘をついていない）とすれば、aの主張は偽、つまり、Pは偽であることになる。しかし、「Pは偽である」という言明は、この偽の言明が評価される状況については何も語らない。しかも、仮に「Pは偽である」がsにおいて真であるとしても、そもそも偽である言明Pがsに含まれることはない。従って、「Pは偽である」が真であるとすれば、それは、必然的にsとは別の状況が必要だということを意味することになる。以上から、Devlinは、「Pは偽である」が何かを意味するとすれば、それは「sが適切な状況ではないこと、s以外の状況を探す必要があること」を意味していると考えなくてはならないと主張する。

このような Devlin の分析において、「嘘つき文」が抱える問題を解消する鍵は〈状況の部分性〉にある。先述したように、文脈を伴う自然言語では、文脈に応じて前提の成立する範囲が規定される。そのため、自然言語の否定が必ずしも矛盾律や排中律に従うわけではないことは、これまでに指摘されてきたことである。これに対して、Devlin の分析の重要な点は、「P は偽である」の意味を〈s が適切な状況ではないこと〉にあるとしたこと、つまり、「嘘つき文」で否定されているのは、P ではなく、〈s の適切性〉であり、そこから、〈s 以外の状況を探す必要がある〉ことが示唆されると提案したことにある。

以上の Devlin の分析を適用して、命題の真理条件が依存する状況を補って非分析的否定疑問文「P じゃないか」の意味を記述すると次のよう言うことができる。

(22) P は状況 s で成立すると思うが、{状況 s は適切ではないのか／s 以外の状況があるのか}

2 節で触れたように、疑問詞は相互排他的関係にある命題集合である Answer-Set を設定する。とすると、(22) で対立しているのは P の真理条件が依存する s と s 以外の状況だということになる。また、非分析的否定疑問文は、主に対話において使用されるので、(22) の「状況 s」を話者のパースペクティブ、これに対立する「状況 s'」を聞き手のパースペクティブと仮定すると、(22) は (23) の読みを示唆することになる。

(23) P は話者が志向する状況 s では成立するが、(聞き手が志向する) 状況 s' では成立しないのか

しかし、これで「P じゃないか」の意味構造が解明されたわけではない。先述したように、非分析的否定疑問文には、上昇音調を取り肯定命題の概言のムードを表す (24a) と、下降音調を取り肯定命題の強い断定を表す (24b) がある。このことは、例えば、(24a, b) の文末詞の「か」の前に「の」を挿入した (24c) では、上昇音調を取る場合、(24a) の意味が保持される。しかし他方で、下降音調を取る場合には、「やっぱり、あれは華子ではない」という納得を表すようになり、「あれは華子だ」と断定する (24b) の

読みが消滅する、という違いからも窺える。
 (24)a. あれは華子じゃないか（↑）
    b. あれは華子じゃないか（↓）
    c. あれは華子じゃないのか（↑／↓）

つまり、(23)は、(24a)の意味を説明し得たとしても、当該状況を否定するというだけでは(24b)の意味まで説明できない、という点では不十分である。また、「の」の挿入が、(24c)における(24b)の読みの消滅とどう関係するのか、その理由も明らかではない。そもそも、「の」とは何者なのかがよく分からないのである。そのため、「ない」の意味特性が明らかになったとしても、「じゃないか」「じゃないのか」「じゃない{の／ん}じゃないのか」など多様な形態をもつ文末連鎖の構成原理を、明確な形で捉えることができない。

そこで次節では、「P（の）じゃないか」に現れる形式名詞「の」*8とそれに後続するコピュラ「だ／じゃ」の意味特性を明らかにし、非分析的否定疑問文の構成的な意味を明らかにしよう。

4.「の」・「だ」・否定・疑問

「の／ん」は、(25a)のように、動詞に「じゃないか」を付加するつなぎの機能をもつ。
 (25)a. 雨が降っているんじゃないか
    b. 雨が降っているじゃないか

しかし、「の」が「降っている」と「じゃないか」を結合するだけで特定の意味をもたない単なるつなぎでないことは、「の」を含まない(25b)が概言のムードを表さないことから窺うことができる。非分析的否定疑問文において「の」、さらには、この「の」に付加される「だ」はどのような意味特性をもち、どのような役割を果たしているのだろうか。この節では、否定と概言のムードが関わるという点では非分析的否定疑問文と共通した特徴をもつ〈接続法〉をヒントに、「の」節が接続法の現れる従属節とよく似た特性をもつことを示す。

4.1 接続法

概言のムードと否定の間に密接な関係があることを示す現象の中でも接続法（subjonctif / conjunctive (mode)）はよく知られたものの1つである。例えば、フランス語では、当該の出来事を現実のなかの出来事として表現する直説法（indicatif / indicative (mode)）に対して、接続法は、「頭の中で考えられた動作・状態を表す主観的・感情的な法」とされ、「一般的に従属節に用いられる」、と言う（朝倉『フランス文法事典』）。接続法が用いられる従属節には、主として、(i) 疑惑、可能と共に否定を表す非人称句や認知動詞の補文、(ii) 否定または疑問文に生起する認識・認知動詞の補文、(iii) 否定語を伴う確実・外観を現す非人称表現の補文、の3つがあると言われている。以下は (i) 〜 (iii) の例である（下線部は接続法を表している）。

(26) a. Je doute (nie) que cela soit vrai.
   （私はそれが真実であることを疑う）

　b. Il est possible qu'il vienne.
   （彼が来るかもしれない）

　c. Je ne crois pas que vous ayez raison.
   （私はあなたの言うことがもっともだとは思わない）

　d. Il ne croit pas que je sois heureux.
   （私は幸福であるが、彼はそう思っていない）

一般的に接続法従属節は話者の主観を表すと言われるが、実際には、事実も含まれる。例えば、(26d) のように、補文の "je sois heureux" が話者である一人称主語の *je* には事実であっても、信念動詞 *croire* 主語の *il* が疑わしいと思う場合には接続法が使用される。

Schlenker (2003) によれば、接続法と直説法は次のような使用条件をもつ、と言う。($s(w)$) は問題となっている当の世界を指す。また、以下では世界という語を用いず状況／文脈／パースペクティブなどとも呼ぶ場合がある。なお、+indicative^{2*} (w) は直説法の素性、-indicative^{2*} (w) は接続法の素性をそれぞれ表している。）

(27) a. $[[w \{+\text{indicative}^{2*}(w)\}]]^{c,s}$ is defined only if s (w) is in the Common Ground of c. If defined, $[[w \{+\text{indicative}\}]]$

$$^{c,s} = s(w)$$

b. 'w {-indicative^{2*} (w)}' can be used only if marking 'w' with + indicative^{2*} in the *same Logical Form* would result in a presupposition failure.

(27a) は、直説法は従属節の表す状況／文脈／パースペクティブが Common Ground*9 に含まれる場合に使用されること、一方、(27b) は、接続法は従属節の表す状況／文脈／パースペクティブが Common Ground と非整合的な場合に使用されること、をそれぞれ示している。即ち、(27) は、Common Ground という概念によって、従属節の記述が主節主語である一人称話者の *je* にとって疑わしい事態を表す (26a, c) だけでなく、従属節の記述が表す事態が事実であっても、主節主語 *il* の信念と整合的ではない (26d) のように、従属節の記述内容が Common Ground に含まれない場合には、接続法が使用されるという事実をうまく捉えることに成功しており、Schlenker の分析は、〈事実 vs. 話者の主観〉といった特徴づけに比して、2つの法の概念を正確に捉えていると言えるだろう。

4.2 接続法と否定のスコープ

では、接続法が否定文脈に生起する場合、否定と接続法（を含む従属節）の相対的なスコープはどのようになるのだろう。

先程の (26c, d) では、信念動詞 *croire* (*believe*) が否定されても、補文内の "vous ayez raison." "je sois heureux." が否定されることはない。

日本語には接続法という文法範疇の表示に特化した動詞の形態がないので、(26d) と (25a) を単純に比較することはできないが、両者は、少なくとも次の3点において共通すると考えられる。

(28) ①当該命題が否定のスコープに入らない

②主節と従属節の真理条件が評価される状況／パースペクティブの評価主体が異なる個体である

③従属節は話者の主観や話者の知識に帰属する情報を表示する。

しかし、(26d) と (25a) が類似しているかどうかを断定するため

には、①〜③だけでは不十分である。少なくとも、非分析的否定文と接続法のどの構成要素が対応するのかが正確に指摘されなくてはならない。ところが、非分析的否定疑問文のどの構成要素がどのような役割を担うのかは明らかではない。(26d) と比較するためには、この点を予め明らかにしておく必要がある。

次項では、接続法に特化した述語形式をもたない日本語では、「の」が接続法に類した読みを導入する標識の役目を担っている、と考えられることを提案する。

4.3 「の」と接続法

次の例を見てみよう。先述したように、「の」は述語と「じゃないか」を結合するつなぎとしての役割をもつ。このことは、(29a–c) から「の」を除いた (30a–c) が容認されないことから確認できる。

(29) a. ふざけるんじゃない
  b. 早く行くんだ
  c. もっと勉強しておくんだった
(30) a. *ふざけるじゃない
  b. *早く行くだ
  c. *もっと勉強しておくだった

しかし、「の」が単なるつなぎではないことは、(29a–c) と「んじゃない」を除去した (31a–c) が同じ読みを表さないことから窺うことができる。

(31) a. ふざけるな
  b. 早く行け
  c. もっと勉強し（ておい）た

(29a–c) は、聞き手に「ふざけている／なかなか出かけない／勉強し（ておか）なかった」こと、つまり、「ふざけない／早く行く／勉強しておく」が Common Ground に含まれていないと述べることによって、そうするように促す発話である。一方、(31a–c) は、命令や過去の出来事を表すが、実際に聞き手がふざけているのかいないのか、なかなか出かけようとしないのか否か、もっと勉強

し（ておい）たのか否か、（それらが Common Ground に含まれているのかいないのか）、について何も語らない。

　前項で触れたように、Schlenker によれば、接続法は、従属節が表す事象が Common Ground に含まれていない場合に使用される（(27b)）。この使用条件は、(29a–c) と (31a–c) の違いと符合する。このことから、「の」は単なるつなぎの要素ではなく、Common Ground に含まれない一人称話者の主観的パースペクティブを埋め込む標識として機能していると見なすことができるだろう。そこで、Schlenker (2003) の (27a, b) を援用して「の」の分布条件を規定すると、次のようなものになる。

(32)「の」は、当該の記述内容が成立する状況／パースペクティ
　　　ブが Common Ground に含まれている場合には挿入できない
別の言葉で言えば、(29a–c) のように、「の」は、接続法で記述されるべき命題、即ち、話者の主観的パースペクティブ、を埋め込み、Common Ground に導入する標識としての役割を担っている、ということになる。以上を頭において、次項では、「の」に後続する「だ」について考察しよう。

4.4　「だ」と否定のスコープ

　ここではまず、Narahara (2002) によるコピュラ「だ」の考察を見ることにしよう。Narahara (2002: 177) によれば、コピュラ「だ」は次のような意味特性をもつと言う。

(33) "The data examined above support my hypothesis that *da* and only *da* among all predicate forms including verbs, adjectives and other inflected forms of the copula, encodes a feature that is incompatible with the speaker's ignorance of the truth-value of the sentential content."

主張の根拠となる Narahara のデータを全て列挙することはできないが、まず、「だ」は話者が文の表す命題の真偽を知り得ない肯否疑問文と新情報の受容を表す以下の文には生起できない。

(34) a.　*今日は土曜日だか？
　　 b.　今日は土曜日か？

(35) a. *そうだか
　　 b. 　そうか

しかし、同じ環境でも、(36a, b) が示すように、「でした／だった」のような「だ」の過去形は生起することができる。

(36) a. 　昨日は土曜日でしたか／土曜日でした？
　　 b. 　昨日は土曜日だったか／土曜日だった？

また、(37a, b) のように、「だ」は平叙文には問題なく生起することができる。

(37) a. 　今日は土曜日だ
　　 b. 　そうだ

さらに、次のような疑問詞疑問文にも生起することができる。

(38) a. 　どの部屋が静かだ？
　（b. 　どの部屋が静か？）

肯否疑問文には生起できないが、疑問詞疑問文には生起できる理由について、Naraharaは、後者は、話者が疑問詞の答を知らないが文内容は成立していると確信する場合に使用される。そのため(33) に抵触しない。一方、前者は命題の真偽が確定していない場合に使用されるので (33) に抵触するからだ、と説明する。同じ理由から、「だ」は、(39a–d) のように、概言を表す「らしい、みたいだ、に違いない、かもしれない」などのムード表現とも共起できない。

(39) a. 　*あそこ静かだらしい
　　 b. 　*あそこ静かだみたいです
　　 c. 　*あそこ静かだに違いない
　　 d. 　*あそこ静かだかもしれない

これらのムード表現は話者が文の表す命題の真偽が確定できないことを表すので、(33) の「だ」の意味特性とは相容れないからである。以上が、Naraharaによるコピュラ「だ」の概要である。

「Pじゃないか」に戻って言うと、ここに含まれているのは「だ」の否定形である。「だ」の否定形は、「だ」が生起し得ない環境である肯否疑問文や新情報の受容を表す文、そして、概言を表すムード表現のどれとも共起できる点において、「だ」と大きく異なるふる

まいを示す。
 (34)' a.　今日は土曜日 {では／じゃ} ないかもしれない
 (35)' a.　そう {では／じゃ} ないんだ
 (38)' a.　どの部屋が静か {では／じゃ} ない（の）？
 (39)' a.　あそこ静か {では／じゃ} ないらしい

他方で、「だ」の "incompatible with the speaker's ignorance of the truth-value of the sentential content" という特性は、Common Ground に含まれない〈話者情報〉を埋め込むという「の」の意味特性と非整合的なものではない。先述したように、非分析的否定疑問文で「ない」が否定するのは、話者が志向する状況／文脈／パースペクティブの適切性であり、Pの真理条件ではない。従って、「Pじゃないか」に含まれている形態は「だ」の否定形であるが、「ない」がPの真理条件を否定しない以上、「だ」は、実際には、Pを断定する意味をもつ、と考えるなら、上記のNarahara が言う意味でのコピュラであると見なしてもよいように思われる。

 そこで、「Pじゃないか」の「じゃ／では」に対してはコピュラのヴァリアントと仮定し、既に検討した「の」「ない」「か」の意味を加えると、(23)（以下に再録）の「P（の）じゃないか」の意味を得ることができる。

 (40)(=(23)) Pは話者が志向する状況sでは成立するが、（聞き手が志向する）状況s'では成立しないのか

「Pじゃないか」の「じゃないか」を連鎖の順序に従って見て行くと、まず、(25a) の「の」節は Common　Ground に含まれていない話者の状況／文脈／パースペクティブで成立する情報を埋め込む意味機能をもつ。「の」に後続するコピュラは「の」節の記述内容を断定する。コピュラに付加された「ない」は断定された命題の真理条件ではなく、当該命題の真理条件が依存する状況／文脈／パースペクティブsの適切性を問題とし、sと対立する（Common Ground に含まれている）状況／文脈／パースペクティブs'を伴立する。そして、連鎖の最後に位置する「か」（もしくは文末音調の上昇音調）から、sとs'から成る Answer-Set が提示される、ということになる。このように、「の」とそれに続く「コピュラ＋否定

辞＋疑問詞」それぞれの構成要素の意味を調べていくと、非分析的否定疑問文の意味を分析的かつ構成的に算出できることが明らかになる。ただし、(40)（=(23)）の意味を論理的、形式的に厳密な方法で記述することは今後の課題としたい。次節では、同じアプローチを「Pじゃないか」のもう1つの読みに拡大、適用して、非分析的否定疑問文の2つの読みの違いを明確にし、2つの意味の生成メカニズムを明らかにする。

5. 非分析的否定疑問文と法　断定と概言

「Pじゃないか」はPへの概言とPの断定という異なる2つの意味を表すことは冒頭で触れた通りである。しかし、前節まではPへの概言を表す「Pじゃないか」を対象に論じできた。そこで、この節では、Pの断定を表す「Pじゃないか」をとりあげ、概言と断定という異なる意味を表す2タイプの非分析的否定疑問文が生起する環境を詳細に調べてみると、やはり、Pの真理条件を評価する状況／世界／パースペクティブとCommon Groundの関係が、意味の生成に対して決定的な働きをしていることを示す。そして、接続法の分布条件について言えるほぼ同様のことが概言を表す「Pじゃないか」について成り立ち、また、直説法の分布条件について言えるほぼ同様のことが断定を表す「Pじゃないか」について成り立つことを明らかにする。

5.1　断定・概言と直説法・接続法

1節で触れたように、非分析的否定疑問文には、(41)のように文末に上昇音調をもち話者の概言を表すものと、冒頭の(8a)（以下に再録）のように下降音調をもち華子であることを強く断定するものとがある。

(41)　（*やっぱり／ひょっとして）　あれは華子じゃないか
　　　（↑）

(8) a.　（やっぱり／*ひょっとして）　あれは華子じゃないか
　　　（↓）

一見したところ両者を区別するものは文末音調だけである。しかし、3.2項で触れたように、(41)の文末に「の」を挿入した(41')は、元の文と同じく概言のムードを表すのに対して、(8a)に「の」を挿入した(8'a)は、「あれは華子だ」という肯定命題の断定ではなく、「あれは華子ではない」という否定命題に対する話者の納得を表すようになる。

(41)' 　(＊やっぱり／ひょっとして)　あれは華子じゃないのか（↑）

(8)' a. (なるほど／＊やっぱり／＊ひょっとして)　あれは華子じゃないのか（↓）

前節では、〈P＋の＋コピュラ＋否定辞＋疑問詞〉の構成要素の意味特性から構成的に文全体の意味が算出されることを示した。このような視点から見れば、文末連鎖に含まれるそれぞれの特性のうち、Common Groundに含まれない記述内容を埋め込む「の」の意味特性から、(41')のように、「Pじゃないか」の「か」の前に「の」を挿入しても概言のムードに変わりがないのは、Common Groundに含まれない情報が埋め込まれているからであると考えられる。逆に、(8'a)のように、「の」を挿入すると概言のムードがなくなるのは、もともとCommon Groundに含まれている情報が埋め込まれているからだと説明できる。しかし、実際はどうなのか。次項では、この予測の妥当性を調べるために、「の」節情報のCommon Groundへの帰属度を当該命題の蓋然性の尺度を用いて測り、その結果に基づいて、2タイプの非分析的否定疑問文の意味特性を明確化し、その生起条件を規定する。

5.2　Common Groundと2つの**意味**

「の」に埋め込まれた命題のCommon Groundへの帰属度を、当該命題の蓋然性の度合いとして図るための方法として、本項では、列車衝突事故の捜査という状況を想定し、捜査のどの段階でどのような疑問文が使用されるのかについての観察を通して、(41)の第一タイプと(8a)の第二タイプの非分析的否定疑文が本来もっている当該命題への蓋然性判断を具体的に示す。

まず、事故の初期段階で捜査官が語りうる単純な肯否疑問文の例から見ることにしよう。ここでは、事故の初期段階での情報がCommon Ground を形成していることになる。
(42) a. 待避線で対向列車を待たなかったのか。（↑）
　　 b. 待避線で対向列車を待ったのか。
　　 c. 信号機は作動していなかったのか。
　　 d. 信号機は作動していたのか。
　　 e. 運転手は信号機を確認しなかったのか。
　　 f. 運転手は信号機を確認したのか。
これらはどれも「したかしなかったか」を確認する質問であり、捜査の進捗状況が同じであれば肯定・否定どちらの疑問文の形式を用いてもよい。
　ところが、新たに「路線が単線である」「信号機は作動していた」「運転手は信号機を確認した」という情報が Common Ground に加わり捜査状況が複雑になると、これらの情報と次の（43a–d）の因果関係から、（42a）だけが有意な質問として選択されることになる。
(43) a. 単線　待避する　　同一路線上を逆方向に走らない
　　　　 → 無事故
　　 b. 単線　待避しない　同一路線上を逆方向に走る
　　　　 → 事故
　　 c. 複線　待避する　　同一路線上を逆方向に走らない
　　　　 → 無事故
　　 d. 複線　待避しない　同一路線上を逆方向に走らない
　　　　 → 無事故
つまり、(42a) の「の」節に埋め込まれた「待避線で対向列車を待たなかった」は、この段階での Common Ground に含まれない情報であり、(42a) は、単純な否定疑問文ではなく、「待避線で対向列車を待たなかった」に対する捜査官の概言を表す非分析的否定疑問文として解釈されるようになる。
　さらに、「待避線で対向列車を待たなかった」ことが確認され、Common Ground に加えられれば、捜査官は、（42a）に代えて、

(44)の形式を選択することになる。

 (44)（やっぱり）待避線で対向列車を待たなかったんじゃないか。（↓）

(44)は「待避線で対向列車を待たなかった」を断定する第二タイプの非分析的否定疑問文である。(44)が捜査官の強い断定を表すことは、(42a)の非分析的否定疑問文では文末の「か」の直前に挿入可能であった（その補文に接続法を埋め込む）形式名詞「の」の挿入が、(44')では認可されないことから確認できる。

 (44)'＊（やっぱり）待避線で対向列車を待たなかったんじゃないのか。（↓）

以上の捜査段階を捜査の進展に即して第1段階から第4段階まで設定すると、第1段階では(42a–f)、第2段階では(42a)、第3段階では(44)が質問として選択され、確認対象となる命題の肯定・否定とそれに対して捜査官が表すムード（概言・断定）が、当該命題と Common Ground との包含関係に依存して決定されていることが分かる。つまり、第1段階よりも第2段階、第2段階よりも第3段階と、捜査の進展過程で捜査官がもつ情報の増加に伴い、Common Ground に含まれる暫定的な事故原因は漸次的に減少し、第3段階では、1つの可能性を残して他のすべての可能性が Common Ground から排除される。

 このような Common Ground の変化に連動した否定疑問文の解釈の変遷を、「の」の使用を使って言い換えると、第2段階の(42a)のように、当該命題が必ずしも Common Ground に含まれない場合には「の」が使用され、第3段階の(44)のように、当該命題が Common Ground の要素として含まれていることが明らかな場合には、「か」の直前での「の」の使用が阻止される。以上から、この「の」の生起可能性に基づいて、非分析的否定疑問文の意味を、

 (45)第一タイプの非分析的否定疑問文は Common Ground に含まれない情報を新規に導入し、第二タイプの非分析的否定疑問文は Common Ground に含まれている情報を再導入する

と一般化することができるだろう。日本語に直接法と接続法の区別

を仮定することはできないが、4.3項では「の」が接続法の現れる従属節とよく似た特性をもつ補文を形成する標識としての機能をもつと考えた（cf. (32)）。これによると、第一タイプの非分析的否定疑問文では接続法、第二タイプの非分析的否定疑問文では直説法の現れる従属節にそれぞれ類似した意味を見て取ることができる。

　非分析的否定疑問文については、別の説明の仕方もある。そもそもモダリティとは、交替可能な可能世界（possible world）に依存する言語的カテゴリーを指すので、モダリティは、どの世界が関与的な世界であるかだけでなく、その世界から到達可能（accessible）な世界がいくつあるかによっても区別される。到達可能性の関係にはいくつかのグループがあるが、例えばdeonticな到達可能性の関係では当該の基準に従って関与的な世界が取り出される。"You must depart at 5: 00 p.m."では、他の時間に出発する可能性は全て排除されている。また、epistemicな到達可能性の関係では関与的な世界が少なくとも1つ取り出されればよい。従って、"You may depart at 5: 00 p.m."では、5時に出発しなければならないが他の時間に出発してもよいという可能性も残されている。このような観点から非分析的否定疑問文を見れば、第一タイプの非分析的否定疑問文では当該命題が表す事態以外の可能性が残されているのに対して、第二タイプの非分析的否定疑問文では他の可能性が全て排除されている、という見方ができるだろう。

　このような第一タイプと第二タイプの非分析的否定疑問文の意味の違いは、実際に非分析的否定疑問文が使用されている文脈に依存して生じるものである。そこで次項では、以上の議論が非分析的否定疑問文の実際の使用において確認できることを示して、ここまでの結論が変わらないことを示そう。

5.3　データ

次の会話データを見てみよう。
(46) A1: いや、2週間から3週間はもつわけ、そうしたら
　　 B1: もつ、もつ、もつよ
　　 A2: まえさ、NHKでさ、卵の新しいの古いの、やる時にさ、

  わたし1年半前の卵をもっていましたっていってさ　パコーンて割ったらさ　白身がこんなに厚くってさ　この卵はどうしたんですか、いや近所からいただいたんですとか　いってさ
 B2:　・・・・・・・・
 C1:　なんかでも、卵なんて冷蔵庫に入れたら<u>無限にもつんじゃないかって気がするけど</u>　　　（菅原, 1987: 160 より）

(46) は、卵の保存期間をめぐって、まずA1で「2週間から3週間」、次にA2で「1年半」という保存期間が提起される中、C1で「無限」と述べることにより後者よりの意見を示す、というものである。井上 (1994) では、このタイプの非分析的否定疑問文を「もちかけ疑問文」に属するとし、Pの可能性が排除されている文脈でPの真偽を問題にするという機能をもつと述べている。井上の指摘を別の言葉で言い換えれば、Common Ground に含まれないPに対するCの概言を表すために、接続法に類似した意味を表す第一タイプの非分析的否定疑問文が使用されている、ということになる。実際、(46) の文脈は、1つのトピックを維持しながら、その内部で複数の文脈が競合し合うというものであり、C1の非分析的否定疑問文（下線部）には、「無限にもつ」というCの志向する状況とAやBが織り成す Common Ground との間に齟齬があることが見て取れる。これは第一タイプの非分析的否定疑問文の生起する環境に他ならない。

 一方、第二タイプの非分析的否定疑問文は、典型的には、(47) のA2のように、一度は相手に否認された命題を、新たな証拠に基づいて断定する場合によく使用される。

 (47) A1:　ひょっとして、あれは田中さんじゃないか？（↑）
  B1:　田中さんなら出張だろう
  C1:　いや、さっき、そこで田中さんを見たよ
  A2:　ほら、やっぱり、<u>田中さんじゃないか</u>（↓）

A2の発話が意味することは、〈相手（B）の主張の排除＝話者（A）の概言の断定〉である。従って、次のように、Aの概言がはずれた場合、A2は不自然な発話になる。

(48) A1: ひょっとして、あれは田中さんじゃないか？（↑）
　　 B1: 田中さんなら出張中だろう
　　 C1: そうだよ、今、田中さんは出張中だよ
　　 A2: ??やっぱり、田中さんじゃないか（↓）

　また、話者の予測や期待がはずれたことに対する驚きや相手に対する非難を表わす次の例も、一度否認された命題を、新たに得た証拠に基づいて再度断定するというステップを必要とする点では、(47) の A2 と同じである。

(49) a. そんなこと始めから分かっていたことじゃないか（↓）
　　 b. 意外と簡単じゃないか（↓）
　　 c. （ぐずぐずしているから）お客さん、行ってしまったじゃないか（↓）

　新たに得た証拠に基づいて再度断定するステップは、Common Ground の更新であり、これにより、当該命題が Common Ground に新規に付加されたことになる。第二タイプの非分析的否定疑問文の生起環境で重要なことは、当の命題が Common Ground に含まれていることだと言えるだろう。従って、上記の必要なステップを踏むことなく、第二タイプの非分析的否定疑問文が発話された場合、第二タイプの非分析的否定疑問文は、当該命題が Common Ground の要素であることを知らせるための方法として使用されている、と見なすことができるだろう。このことを確認するために、次の会話データを見てみよう*10。

(50) A: なあ、全然話変わるけどなー、自分の彼女がおるやんかー、彼女がおってー、んでなんか、じぶんーの彼女がおってー　自分にも　友達がおるやんかー　この友達、まあー、男の子同志が友達やったら　彼女ともまあ知り合いになって友達になるやんかー　んで、彼女とも　その子とも友達やん
　　 B: うん
　　　　　　　　　　　　　　　　　　　（成田, 2000 より）

　(50) の A は、冒頭の「全然話変わるけどなー」が示すように、新しい状況を設定すべく新情報を列挙する発話の連続体である。決してそこには「（彼女はいないと言っていたのに）自分の彼女がおる

やんかー」のように Common Ground と問題となっている状況の間に齟齬が生じる、という解釈は生じない。もっぱら聴者は「自分の彼女がおって―男の子同志が友達やったら　彼女ともその子とも友達や」が成立するという状況設定を迫られることになる。このような読みは、第二タイプの非分析的否定疑問文が有する断定のムードから生じる文脈効果の1つであり、蓮沼（1993）が「共通認識の喚起」と呼ぶ（51）や、新情報を導入する（52）も同じ種類の現象だと考えられるだろう。

(51)（タクシーの運転手に）

あそこに郵便局があるじゃない。あの角で曲がってちょうだい。　　　　　　　　　　　　　　　　　　　　　（蓮沼, 1993）

(52)（いつもは人でいっぱいのレストランをのぞいて）

何だ、今日は空っぽじゃないか

つまり、命題の真理条件は、状況、あるいは、文脈やパースペクティブによる制約を受けるのだが、他方で、発話される命題のタイプが、状況／文脈／パースペクティブへの制約となり、新たな文脈／パースペクティブの構築に貢献する、ということである。

　以上、ここでは限られた例ではあるが、2タイプの非分析的否定疑問文が生起する会話データにおいて、本章の分析結果が実際に適用できるものであることが確認できた。今後は、さらに広範な調査に当たり、質・量ともに充実したデータに基づいて非分析的否定疑問文の実態を検証することが重要である。

6. おわりに

　本章では、否定疑問文の形式であるにも拘らず、当該命題に対する肯定への傾きや断定の意味をもつ非分析的否定疑問文の分析を通じて、従来の研究が述べているよりももっと明確な論理構造をもっていることを明らかにした。

　一般的に、否定には、述語をスコープにとる述語否定と文をスコープにとる命題否定に大別されるが、どちらも命題の真理条件を否定する点では同じである。これに対して、Horn（1985, 1989）は、

命題の真理条件ではなく、先行発話命題の前提や含意などの語用論的な対象を否定するメタ言語否定を提案した。しかし、どれも、なぜ非分析的否定疑問文では否定命題が形成されず、概言のムードを表すというイディオム的な意味をもつのかをうまく説明することができなかった。そこで、非分析的否定疑問文の意味特性を捉えるために、状況／文脈／パースペクティブは世界の部分を構成するという状況の部分性に基づいた Devlin の（自己言及的で循環的な意味特性をもつ）「嘘つき文」の分析を援用することにより、非分析的否定疑問文「P じゃないか」では、P の真理条件が依存する状況／文脈／パースペクティブの適切性が否定されていると見なすことにより、文末形式の「じゃないか」の個々の構成要素の意味特性から分析的・構成的に意味生成のメカニズムを記述できることを明らかにした。非分析的否定疑問文については、これまで多かれ少なかれ直感的なレベルでの記述がなされていたにすぎない。それを、当該命題の真理条件が依存する状況／文脈／パースペクティブと Common Ground との関係表示の方法として捉え直し、意味生成のメカニズムを明確に記述し分析した点に本論の有意性があると言えるだろう。

　第 1 章で論じた語用論的括弧、第 2 章で論じた「埋め込み節事象先行型活動動詞ル形＋カラ節／ノデ節」も、Common Ground に属さない話者の主観や状況／文脈／パースペクティブを挿入する方策であるという点で、非分析的否定疑問文と一致する。しかし、第 2 章で論じた「ル形＋カラ節／ノデ節」が文脈／パースペクティブが変われば異なる真理値をとる真偽の定まらない命題概念を表したのに対して、本章で論じた非分析的否定疑問文「P じゃないか」の「P」は Common Ground に属さない話者の主観や状況／文脈／パースペクティブにおいて真とみなされている命題である。それにも拘わらず、「P」の真偽が定まらないように見える要因は、「P であり、かつ、P でない」という自己言及的で循環的な意味をもつ「嘘つき文」とよく似た外観に求めることができるだろう。

　しかしながら、本章の考察によって明らかになったもう 1 つの興味深い点は、一見雑多なこれらの現象が、当該文に具現化されない

話者のパースペクティブに基づいた情報を現行の発話文脈——Common Ground——に挿入するという点において、*de re* としての性格をもつ点で共通するということである。

次章では、少し観点を変え、統語レベルにおいても、文途中での項構造のシフトによる意味の拡張が複雑な意味の生成に決定的な働きをしていることを示す。

---

*1　否定の統語的なスコープについては Kato（1985）、矢田部（1998）を参照されたい。また、意味論的スコープの曖昧性については山森（1998, 2006）を参照のこと。
*2　Answer-Set は Hamblin の用語ではない。
*3　前提の問題については、さまざまな議論がある。詳しくは、Russell（1905）、Strawson（1950）、Horn（1989）、野本（1988）などを参照のこと。
*4　益岡・田窪（1989）によれば、ムードの範疇には、確言や命令、禁止・許可、依頼、願望、当為、勧誘、蓋然性判断等の雑多な要素が含まれる。De Haan（1999）は、従来、modality の名の下に一括りにされてきたムード表現を、"source of information" を表す *evidentiality*（E）と "attitude toward that information" を表す *modality*（M）の 2 タイプに区別する見方を提案している。非分析的否定疑問文に含まれる「じゃないか」は、M の範疇に属すると考えられる。
*5　「嘘つき文」あるいは「嘘つきパラドックス」とは、以下のような循環命題を指す。
　　（i）クレタ人は言った。クレタ人は嘘つきだ。
　　（ii）私がいま言っていることは偽である。
これらの主張の真偽を決定しようとしても、そもそもこれらの主張が真であるのは、それらが真でないときであり、そのときに限られるが、それは矛盾でしかない。このように自己言及性を意味特性とする「嘘つきパラドックス」は論理学や哲学の分野でさかんに議論され、さまざまな解決策が提案されてきた。詳細は、Barwise and Etchemendy（1987）などを参照のこと。
*6　状況理論の基本的な主張は、Austin（1950）に基いて、ある命題が真であるためには、記述内容に関与する状況が、記述内容がもつタイプと同じタイプをもつ必要があるとする発話の状況依存性に求められる、というものである。詳細は、Barwise and Perry（1983）、Devlin（1991）などを参照のこと。
*7　以下の Devlin の議論は神戸大学工学部での講演に基づいている。
*8　「のだ」は、統語的には、述語（動詞、形容詞、形容動詞）の基本形、タ形、連体形に接続して複雑な述語を作る助動詞として捉えられている（益岡・田窪, 1989）。「のだ」の機能については田野村（1990）、野田（1997）などを

参照のこと。ただし、本論では、「の」を形式名詞と見なす。また、「の｛では／じゃ｝ない（の）か」と助動詞の「のだ」との関連については立ち入らない。
*9　Common Ground は "the set of speaker's presuppositions" とも言われ、Stalnaker（1978）によれば、その真理条件が当該会話の背景の部分として捉えられる命題の集合にあたる、と言う。具体的には、会話の参与者に共有されている知識（"mutual knowledge / common knowledge"）に対応すると考えられる。ここでは、発話文脈のようなものとして捉えておく。
*10　第一タイプの非分析的否定疑問文「Pじゃないか」には関西方言の対応物に「Pと違うか」「Pちゃうか」があり、第二タイプの非分析的否定疑問文には「Pやんか」がある（田野村, 1990）。

第5章
「Vてある」・「Vておく」構文の意味と事象構造*1

　パースペクティブ・シフトのような意味解釈の基盤を仮に参照枠と呼べば、文の途中での参照枠のシフトは、引用や報告文、時制などの意味論的な作用域だけでなく、2つの述語が結合してできた複雑述語を含む文においても現れる。例えば、現代日本語の「Vてある」は、第一要素に意志動詞テ形、第二要素に存在動詞の「ある」を含む複雑述語だが、その意味は、意志動詞が表す行為の結果の「存在」を表す場合と、意志動詞が表す行為がもたらす「結果」が、何かのための「準備」としての有効性を示す場合とがあり、意味的に曖昧であることはよく知られている。しかし、このような曖昧性を生み出す仕組みは不分明のまま放置されてきた。そもそも「結果」と「準備」を表す「Vてある」構文の（意味構築の基盤となる）項構造は同じものであるのかという観点から、表層文には部分的にしか具現化されない構成要素の統語的関係を整理してみると、必ずしも同一であるとは言えない部分がある。本章では、項構造という統語的関係であるという点が、パースペクティブと異なるものの、ある意味で参照枠のシフトが関わる現象として、［動作主―経験者シフト］が「Vてある」構文の意味の構築に対して決定的な役割を果たしていることを示して、「Vてある」に異なる2つの読みを生み出すダイナミズムの実態を明らかにする。また、同じ観点から、「行為」を表し（「結果」を表す）「Vてある」と相補的な関係にあると言われる「Vておく」構文の意味についても検討を加え、「Vてある」との違いを明らかにする。

1. はじめに

　動詞の意味を獲得する際、我々は当の動詞が表す可能な状態や事

象を理解しようとする。しかし、多くの動詞はまた項を伴って現れる。所謂［動詞の意味］を理解したとしても、当の動詞がどのような項と共起するのかを理解しているとは限らない。動詞の意味が項と動詞の統語関係に関する全ての情報を伝えるわけではないからである。この傾向は、2つ以上の動詞が結合して作られる複合語や複雑述語ではなおさら強くなる場合がある。

ただ、一般的に、複雑述語は強い語彙的ふるまいを示し、構成要素の意味に基づいて全体の意味が構成的に合成される。例えば、次の例の「食べ―て―み―る（tabe-te-mi-ru）」は2つの構成要素の意味から合成的に *try to eat* という意味を産出する。

(1) 太郎はそのお菓子を食べてみた

しかしながら、本論で考察の対象とする（意志動詞*2 のテ形に存在動詞「ある」が後続する）現代日本語の複雑述語「Vてある」は、(2)(3)が示すように、「結果」述語としても「準備」述語としても解釈され、意味的曖昧性を示す。

(2) 玄関に花が生けてある

(3) 必要な手は打ってある　　　　　　　　　　（森田, 1977）

(2)は意志動詞が表す事態の結果の「存在」を表し、(3)は意志動詞が表す事態が何かの「準備」として有する有効性の存続を表すと解説されてきた。「Vてある」にこのような2つの読みがあることについては研究史上の合意が見られている（益岡, 1987、金水, 2009等）。直感的に言えば、「Vてある」は、第一要素の意志動詞がもととなるsub eventを表し、存在動詞「ある」がその結果（の状態／存続）としてのsub eventを表す。全体としては、「ある」が「Vてある」の主要部を構成する。だが、「Vてある」に対して一定の項構造を予測することは簡単ではない。その大きな要因の1つに構成要素の復元可能性という問題がある。例えば、(2)では花を生ける動作主が含意されるが、益岡(1987)、金水(2009)などで指摘されているように、(4)の通り、その動作主を表層文で明示的に示すことはできないのである。

(4) *花子が 玄関に花が生けてある

ただ、その一方で、(3)タイプの「Vてある」構文は、(5)のよう

に、「寝だめして」の動作主「太郎」を主題としてなら顕在的に表示することができる。

(5) 太郎は十分に寝だめしてある

さらに、もう1つの違いとして、(2) は「Vてある」のVの目的語となる名詞句をヲ格表示できないが、(3) はできるという点を指摘することができる。

(2)' 玄関に花 {*を／が} 生けてある

(3)' 必要な手 {を／が} 打ってある　　　　　　(森田, 1977)

従って、このような「Vてある」のVとその項の統語関係を明確に把握することが、「Vてある」の意味産出プロセスを適切に説明する上で重要になる。

本論では、(2) (3) のような「Vてある」構文を主たる対象として、Davidson (1967) のイベント意味論 (event semantics)、および、これを発展させた Parsons (1990)、Larson and Segal (1995) による理論的枠組みを参照しながら、「Vてある」構文の項構造を明らかにし、当該構文の事象構造を統一的視座のもとで記述する作業を通して、2つの異なる読みを生み出す「Vてある」構文のダイナミズムの実態を明らかにする。また、それに基づいて、「Vておく」構文の意味についても検討を加える。

以下の本論の構成は次の通りである。2節で、「Vてある」に関する先行研究を概観し、現象を把握する。3節で、「Vてある」とそれと共起する可能な項をリストアップし、それに基づいて「Vてある」構文の項構造を明らかにする。4節では、イベント意味論 (event semantics) を適用して、3節で明らかになった項構造に基づいて2通りの意味を産出する「Vてある」構文の事象構造を記述する。また、5節では、「Vてある」構文の分析結果と比較しながら、専ら「行為」を表し、(「結果」を表す)「Vてある」と相補的な関係にあると言われる「Vておく」構文についてその意味を検討し、記述する。最後に、6節はまとめである。

2. 先行研究

この節では、「Vてある」構文の類型と動作主の扱いに関する先行研究を概観する。

2.1 2つの意味

冒頭の (2) と (3) に戻っていうと、(2) は意志動詞が表す事態の「結果の存在」、また、(3) は意志動詞の表す事態が何かの「準備」としてもつ有効性の存続をそれぞれ表し、概して、「Vてある」はこの2つの意味・用法をもつクラスに大別される、と見なされてきた。

例えば、益岡（1987）は、前者をA型、後者をB型と呼んで、これをさらに下位分類した次のような類型を提示する（a〜eは各類型の例文である）*3。

(6) A1型： 広義の存在文
  a. テーブルに花が飾ってある
 A2型：対象に認められる何らかの状態の存続
  b. 入口に近い片すみが一畳余りの広さだけあけてある
 B1型： 行為の結果もたらされる事態が基準時*4 において引き続き存在している
  c. ベストメンバーを選んであるんだぜ
 B2型： 行為の結果が基準時において何らかの有効性を示す
  d. 天王山に向けてそれぞれの調整を指示してあります
  e. 夜ばかり続く冬の間に寝だめしてあるのかと思うほどだ

A型とB型の統語的な違いは、(6) のB1型とB2型はどちらもヲ格名詞句と共起することができるが、A1型、A2型はできない、という点を指摘することができる。

(6)' a. テーブルに花 {*を／が} 飾ってある
  b. 入口に近い片すみ {*を／が} 一畳余りの広さだけあけてある
  c. ベストメンバー {を／が} 選んであるんだぜ

d. 天王山に向けてそれぞれの調整 {を／が} 指示してあります

冒頭で触れた通り、同じ対立は先程の（2）と（3）についても観察することができる。本書では、この構造上の差異に重点を置く立場から、A1型とA2型、および、B1型とB2型の下位分類を捨象して、「Vてある」を2つの類型に大別し、以下では、益岡のA1型とA2型をA型、B1型とB2型をB型と呼ぶ。

2.2 暗黙の動作主

「Vてある」構文を考える上でもう1つの重要なポイントが〈動作主〉である。「Vてある」には、もととなるsub eventを表す意志動詞のガ格主語が表層文に現れることはない。しかし、従来の研究では、暗黙の動作主が前提され、論理的に含意されると見なされてきた。例えば、金水（2009）は、動作主の意志性に基づいて「Vてある」の意味を（7）のように規定する。

(7) シテアルの意味：
 a. 無標の意志動詞文は、意志性1を主として表し、意志性2は語用論的に含意される。
 b. A型シテアルは、意志性2までを表す。文脈・知識との調和・融合が必要。
 c. B型シテアルは、主観的意志までを表す。

「意志性1」は、（意志動詞の）主語の指示対象が「そうしたい」と思って「そうする」という最小限の意味での意志性であり、命題内の意志性を表す（金水, 2009: 279）。また、「意志性2」は、意志性1を含む「Vてある」構文に生じる語用論的意味であり、「意志的な行為には何らかの理由・目的があるはずだと考え……、人の行為の結果を見て、我々はそれをした人の理由・目的を遡ってその結果に読み込んでしまう」と述べ、次の文はそれぞれ括弧内の意志性を表す、とする（金水, 2009: 280）。

(8) a. 壁に絵が掛けてある（意志性2あり）
 b. 壁に絵が掛けられている（意志性2に関して中立的）
 c. 壁に絵が掛っている（意志性1がなく、従って意志性2

もなし）

(動作主の)「意志性1,2」が関わる範囲で、次の (9) (A型)、(10) (B型) を例に、(7a, b) がどのように働くのかを考えてみよう。

(9) 窓が開けてある

(10) ベストメンバーが選んである

(9) (10) はどちらも（意志動詞の主語である）動作主を含意する。そのため、(9')(10') のように、「Vてある」に替えて、ヲ格目的語と共起する「意志動詞テ形＋おく」を使った文にパラフレーズすることができる。

(9)' (僕が) 窓を開けておいた (こと)

(10)' (監督が) ベストメンバーを選んでおいた (こと)

ただし、A型もB型も動作主を表すガ格主語とは共起できないが、先述したように、B型「Vてある」構文は、(11) のように、文主題としてなら動作主を明示的に含むことができる（金水, 2009）[5]。

(9)" *僕が窓が開けてある

(10)" *監督がベストメンバーが選んである

(11) 　僕は、十分に寝だめしてある

ここでは、(11) の「僕」(＝話者) は、意志動詞「寝だめし」が表す行為の主体であると同時に、行為の結果が効力として存続する主体としての経験者 (experiencer) でもあるという点に注意しておきたい（この問題については後で触れる）。

2.3　明示的動作主

意志動詞の行為主体（動作主）を主題として付加する操作は、(11) 以外のB型「Vてある」構文にも適用することができる。次の例を見てみよう。

(12) 彼は、夜ばかり続く冬の間に寝だめしてあるのかと思うほどだ

(12) は、先程の (6e) に主題として「彼」を付加したものだが、ここでも「彼」を「寝だめ」の効果が存続する主体である経験者として捉えることができる[6]。

さらに、B型「Vてある」構文には、次のように、カラ格名詞句やデ格名詞句を主語として含むことが可能な場合がある。次の例を見てみよう。

(13) a. チームでベストメンバー {が／を} 選んである
b. 私から天王山に向けてそれぞれの調整 {が／を} 指示してあります

(13a, b) は、(6c, d) にデ格主語、カラ格主語を付加したものだが、同時に、これらの文はもととなる sub event を表す意志動詞の目的語をヲ格名詞句として含むことができる。このように、もととなる sub event を表す意志動詞「選ん／指示し」が主語（動作主）と目的語（対象）の両方と共起できることは、(14) のように、「Vてある」構文が項構造において A 型と B 型の 2 つに大別されることを示すものである。

(14) A型「Vてある」構文：
　　　　〜がVてある
　　B型「Vてある」構文：
　　　　〜は／で／から〜が／をVてある

以上から、項構造と「Vてある」構文の意味とが密接に関係していることが分かる。そこで以下では、「Vてある」構文を事象表示の観点から捉え、2つ以上の動詞が結合して作られる複雑述語の「Vてある」では見えにくい「Vてある」を構成する意志動詞および存在動詞と文成分が作り出す事象構造を明らかにして、A型「Vてある」構文とB型「Vてある」構文の違いを明確にする。さらに、その分析結果に基づいて、「Vてある」構文と「Vておく」構文との違いについても言及する。

3.「Vてある」構文の分析

本節では、ここまでの議論を踏まえて、「Vてある」構文にA型とB型の読みが生じる仕組みを考える。

3.1 「Vてある」構文のタイプ

この項では2節で触れた「Vてある」構文の特性を確認する作業を通じて、(14)に示した「Vてある」構文の項構造がA型「Vてある」とB型「Vてある」の意味の産出に本質的に関係していることを示す。

先述した通り、「Vてある」構文のもととなる sub event を表す意志動詞が、(対象への働きかけを表す) 使役動詞であるか否かにおいて違いがあるとしても、「Vてある」全体としては状態述語の性質を有することに違いはない。この特性は、(15)に示す弱い受動変形可能性 (影山, 1993) の他、(16)(17)に示す擬似分裂文や命令文への言い換え可能性の低さからも窺うことができる。順に示していこう。

(15) 受動文
    a. *窓が開けてあられる
    b. *机の上に本が置いてあられる
    c. *受験勉強が十分にしてあられる
    d. *祭りの計画が進めてあられる
    e. *十分に寝だめしてあられる
    f. *ホテルが予約してあられる

(16) 擬似分裂文
    a. *誰かがしたことは、窓を開けてあることだ
    b. *誰かがしたことは、机の上に本を置いてあることだ
    c. *誰かがしたことは、受験勉強を十分にしてあることだ
    d. *誰かがしたことは、祭りの計画を進めてあることだ
    e. *誰かがしたことは、十分に寝だめしてあることだ
    f. *誰かがしたことは、ホテルを予約してあることだ

(17) 命令文
    a. *窓が開けてあれ
    b. *机の上に本が置いてあれ
    c. *受験勉強が十分にしてあれ
    d. *祭りの計画が進めてあれ
    e. *十分に寝だめしてあれ

  f. ＊ホテルが予約してあれ

直接受動文の主語は対応する能動文では他動詞─非状態述語の直接目的語である。従って、受動変形可能性の無さは、「Ｖてある」が非状態述語ではないことの傍証となる。また、擬似分裂文では動詞句を焦点部に入れると、前提部分に現れる動詞は意志的動作を表す「する」が用いられる。従って、「Ｖてある」構文から擬似分裂文を作れないという事実は、焦点部に入る「Ｖてある」は前提部分の「する」と同じ動作動詞ではなく、状態動詞であることを示すものである。さらに、命令文の主動詞は、「さっさと食べなさい」のように、動作の主体（動作主）である聞き手がコントロール可能な事態を表す動詞に限定される（(影山, 1993) 等）。従って、「Ｖてある」構文が命令文と共起できないという事実も、「Ｖてある」が使役的意味をもたない状態性述語の性質をもつことを示すものである。また、「Ｖてある」構文が暗黙の動作主を示唆しているとしても、先述した通り、動作主がガ格主語としては決して現れ得ないことから、Ａ型、Ｂ型の違いに拘らず、「Ｖてある」全体としては状態述語として捉えられることになる。次の例はこのことを示している。

(18) a. ＊太郎が窓が開けてある
  b. ＊花子が机の上に本が置いてある
  c. ＊僕が受験勉強が十分にしてある
  d. ＊委員会が祭りの計画が進めてある
  e. ＊僕が十分に寝だめしてある
  f. ＊洋子がホテルが予約してある

日本語では、(19) のように、状態述語は、(総記の解釈を取る場合を除くと) 一般的にガ格名詞句を主語として取ることができず、主題を表示するハを使用しなければならない (久野, 1973)。これが (18) の非文法性の原因であると考えられる[*7]。

(19) a. 太郎は学生です
  b. 太郎が学生です （総記）
  c. 花子はＡ市に住んでいる
  d. 花子がＡ市に住んでいる （総記）

ところが、Ｂ型タイプの「Ｖてある」構文は、(21a–d)、(22a, b)

が示すように、主題あるいはデ格名詞句として現れる動作主とは共起することができる。一方、(20a, b) の通り、A型「Vてある」構文はそのどちらとも共起できない。

(20) a. *{太郎は／太郎たちで} 窓が開けてある
　　 b. *{花子は／花子たちで} 机の上に花が飾ってある
(21) a. 　{僕は／僕たちで} 受験勉強 {が／を} 十分にしてある
　　 b. 　{*委員会は／委員会で} 祭りの計画 {が／を} 進めてある
　　 c. 　{僕は／僕たちで} お金 {が／を} 十分に貯めてある
　　 d. 　{花子は／会社で} ホテル {が／を} 予約してある
(22) a. 　{僕は／僕たちで} 十分に睡眠をとってある
　　 b. 　{僕は／僕たちで} 走り込んである

ただし、A型「Vてある」も、次例のように、場所名詞となら共起できる。

(20)' a. この部屋は窓が開けてある
　　　b. この部屋は机の上に花が飾ってある

とはいえ、(20') の (20'') への言い換え可能性から明らかなように、「この部屋」は「窓／机」の存在場所を表すだけで、「開ける／飾る」が表す行為の動作主としての読みをもつわけではない。

(20)'' a. この部屋の窓が開けてある
　　　 b. この部屋の机の上に花が飾ってある
(cf. (21)' a. *{僕／僕たち} の受験勉強が十分にしてある
　　　　 b. *委員会の祭りの計画が進めてある　　　　　)

さらに、(21a–d) が示すように、B型「Vてある」構文の意志動詞テ形に他動詞が使用される場合、対象を表す名詞句の格表示にガ—ヲの交替を認めることができる。この場合、次の例が示すように、ガ格、ヲ格のどちらを使っても意味に違いは生じない。

(23) a. 　必要な情報 {が／を} たくさん集めてある
　　 b. 　(試合に向けて)、練習 {が／を} たくさんしてある

これらのことから、ヲ格名詞句と共起可能なB型「Vてある」構文は、もととなる使役的な sub event とその結果状態や効果の存続に関わる sub event の 2 つの sub event から構成される事象構造をもち、

カラ格／デ格名詞句は意志動詞の主語、ヲ格名詞句は目的語として現れているのに対して、カラ格／デ格／ヲ格名詞句と共起できないA型「Vてある」構文では、ガ格名詞句が主語として現れているのだと考えることができる。

2.2項でも触れたことだが、特に、B型「Vてある」構文について注意すべきは、2つのsub eventから構成されるB型「Vてある」構文の重要な特性の1つが、主題あるいはカラ格／デ格名詞句が使役的行為を表すsub eventの動作主として捉えられると同時に、使役的行為の作用を受け、その結果や効果が存続する主体として、sub eventの経験者としての意味役割も併せもつ、という点である。先程の（21a-d）（22a, b）では、動作主としての「僕／僕たち」や「委員会」の「勉強する／走り込む／進める」などの行為が、同時に経験者としての「僕／僕たち」や「委員会」にその効果の蓄積や持続をもたらすという関係にあった。それゆえ、このような動作主―経験者のシフトの有無を基準にすれば、「Vてある」構文の項構造を次のように記述することができる。

(24) a. 「Vてある」構文において、ガ格主語として具現化される項は、使役的sub eventの動作主にはなり得ず、対象の役割を担う。
　　 b. 「Vてある」構文において、主題もしくはデ格／カラ格主語として具現化される項は、使役的sub eventの動作主と経験者の2つの意味役割を担う。

(24b)はB型の「準備／効果の存続」を表す文として、また、(24a)はA型の「存在文」としてそれぞれ解釈される。

3.2　経験者の動作主性

上の（24b）では、主題もしくはデ格／カラ格名詞句として具現化される経験者が使役的sub eventの動作主としての意味役割も担うと述べた。このことを別の言葉で言えば、使役的行為の結果や効果の存続を表すB型「Vてある」構文は［動作主―経験者シフト］を許す、ということになる。例えば、上の（11）では、意味レベルにおいて、主題として具現化された経験者［x］はもととなるsub event [e₁] では動作主 [y] であり、動作主の睡眠という行為（のプロセス）の蓄積の結果として、経験者である自らに当該の身体的状況をsub event [e₂] として漸次的にもたらすことが表されている。これを簡単に図示すると、[図1] のようになる。([図1] の変項 x, y は同一個体を指す。)

[図1] (11) 僕は十分に寝だめしてある

　　　　　　［寝だめする，y］［exist（十分に寝だめする，x)］：x=y

ここで、(11) の文は「行為」と「結果／効果の存続」という2つのsub event をもつwhole event [e₃] を表している。これに対して、A型「Vてある」構文には、主題もデ格／カラ格主語も許されなかった。主題やデ格／カラ格主語が現れなければ、［動作主－経験者シフト］も生じない。従って、ガ格主語の（ある様態での）存在を表す「存在文」の読みをもつことになる。このことを［図1］に即して言えば、A型「Vてある」構文が実際に言及するのは、結果状態を表すsub event [e₂] だけであり、誰が飾ったかに関わるもととなるsub event [e₁] は示唆されているにすぎない、ということになる。

　以上のような分析を支持する別の現象として、動作主の意志や主観を表す副詞表現との共起可能性を見ておこう。まず、A型「Vてある」構文の (25a, b) はこの種の副詞表現と共起できない。これに対して、B型「Vてある」構文の (25c, d) は、（意志動詞の動作主を表すデ格主語と共に）、これらの副詞表現と共起することができる。

(25) a. *一生懸命窓が開けてある
　　 b. *スープが慎重に温めてある
　　 c. （チームで）一生懸命練習がしてある
　　 d. （僕たちで）必要な情報が慎重に集めてある

(25c, d) の「一生懸命／慎重に」は、もととなるsub event [e₁] の動作主であるデ格主語の主観や意志を表すものである。B型「Vてある」構文のもととなるsub event [e₁] の動作主の意志や主観を表

128

すこれらの副詞表現との共起可能性は、金水（2009）の「B型シテアルは、主観的意志までを表す」（cf. §2.2）という分析に符合する現象であるように思われる*8。

　また、道具付加詞との共起可能性について見てみると、次のようにA型「Vてある」構文の（26a, b）は道具付加詞と共起できないが、B型「Vてある」構文の（26c, d）は共起することができる。

(26) a. ＊窓が手で閉めてある
　　 b. ＊スープが電子レンジで温めてある
　　 c. 　僕たちは、資金を公募で集めてある
　　 d. 　僕は、わざと薬で睡眠を十分にとってある

もととなるsub eventがどのような手段でなされたかは、結果状態を見て知り得るものではなく、基本的には、動作主のみが知り得る情報である。従って、（26a, b）と（26c, d）の対立は、道具付加詞との共起可能性が明示的な動作主との共起可能性と連動していることを示すものだが、明示的な動作主との共起可能性を軸とする対立は非対格自動詞*9と他動詞の間にも観察されるものである。例えば、（27a-d）（28a-d）の主動詞である非対格自動詞は、動作主がコントロールできない非意志的な行為の結果を表し、明示的動作主と共起することはない。そのため、動詞が表す行為を（動作主が）実現する手段を表す道具付加詞や、動作主の意志を表す「わざと」などの表現とはほとんど共起し得ないのだと考えられる。

(27) a. ＊木がのこぎりで倒れた
　　 b. ＊糸がはさみで切れた
　　 c. ＊湯がやかんで沸いた
　　 d. ＊コーヒーがペーパー・フィルターで入った
(28) a. ＊木がわざと倒れた
　　 b. ＊糸がわざと切れた
　　 c. ＊湯がわざと沸いた
　　 d. ＊コーヒーがわざと入った

これに対して、次のように、動作主の意志的動作を表す他動詞は、問題なく道具格や「わざと」と共起できる。

(29) a. 　（太郎が）木を（わざと）のこぎりで倒した

b. (太郎が) 糸を (わざと) はさみで切った
c. (太郎が) 湯を (わざと) やかんで沸かした
d. (太郎が) コーヒーを (わざと) ペーパー・フィルターで入れた

従って、先行研究では、非対格自動詞を主動詞とする(27a–d)(28a–d)に生起するガ格名詞句は、他動詞文の(29a–d)でのように動作主ではなく、(直接目的語に対応する)内項—対象(theme)として捉えられている。

「Vてある」構文に戻って言うと、[表1]に示す通り、明示的に動作主を含み得ないA型「Vてある」構文は道具付加詞や「わざと」と共起できなかった (cf. (26a, b))。一方、主題やデ格主語として動作主を含むB型「Vてある」構文は、道具付加詞や「わざと」と共起できた (cf (26c, d))(これをまとめたものが[表1]である)。

[表1] A型 vs. B型「Vてある」構文

	A型「Vてある」	B型「Vてある」
動作主主語	*	*
経験者—主題／デ格主語	*	✓
動作主—経験者シフト	*	✓

つまり、「Vてある」構文は、(非対格自動詞文のように)、ガ格名詞句—内項を唯一項としてとるA型と、(他動詞文のように)、内項と外項をとり得るB型の2つに区別され、A型「Vてある」構文は、唯一項の内項をガ格主語として具現化する自動詞文の存在文、そして、B型「Vてある」構文は、外項がデ格主語、内項がガ格／ヲ格目的語として具現化される使役文にそれぞれ対応する、と言うことができる (30))。

(30) 　　　　　　　　　　外項　　　　内項
　　　A型「Vてある」: 　　—　　　　対象
　　　B型「Vてある」: 動作主—経験者　対象

これが、A型「Vてある」構文とB型「Vテある」構文の項構造の

違いであると考えられる。ただ、このセクションの冒頭でも確認したように、B型「Vてある」も複雑述語としては「ある」を主要部とする状態述語の性質をもち、この点においては、A型「Vてある」と変わらない。それにも拘わらず、(30)のような構造上の違いが生じることについては、B型「Vてある」構文では、外項の指示対象がもととなる使役的 sub event $[e_1]$ の動作主であると同時に、その影響を被るもう一方の sub event $[e_2]$ においては経験者でもある、という[動作主―経験者シフト]にその理由を求めることができると考えられる。

以上、この節では、[動作主―経験者シフト]といった構成要素のダイナミックな項構造を措定して、「Vてある」構文を事象表示の観点から捉え、曖昧性の原因を文の構成要素の統語的関係を基盤とする事象構造に求めた。以上を踏まえて、次節では、イベント意味論を援用し、A型およびB型「Vてある」構文の事象構造とそこから派生する意味の表示を試みる。

4.「Vてある」構文の事象構造

この節では、イベント意味論（event semantics）を援用して、3節で明らかになった項構造に基づいてA型およびB型の2通りの意味を産出する「Vてある」構文の事象構造を記述する。

4.1 イベント意味論（event semantics）

まず、イベント意味論を概観しておこう。Davidson (1967) は動詞の意味論における事象と状態の重要性を指摘し、イベント項 e を論理表示の対象とした。その後、Parsons (1990) によって、文が表す eventuality [*10] を量化の対象とするイベント意味論が提出された。このモデルでは、動詞はイベントもしくは状態を表すイベント項 e を取る一項述語とみなされ、文は顕在的もしくは暗黙のイベント量化子 $\exists e$ をもつとする。そのため、項は、"〜の動作主"、"〜の対象"などの一般的な主題関係を表す述語を介して動詞と結びつけられることになる。例えば、*sing* や *dance* などの動作動詞は

(31a, b) のように表示される。また、(32a) の文は、"neo-Davidsonian method" と呼ばれる表示方法に即して、(32b) のように記述される。

(31) a. dancing (e, x)
   b. singing (e, x)
(32) a. Mary bought those books in Boston.
   b. ∃ e [buy (e) & agent (Mary, e) & theme (those books, e) & in Boston (e) & Past (e)]

(32b) では、(32a) の文が *buy* とその動作主である *Mary*、その対象である *books*、そして、その生起場所である *Boston* から成る過去の出来事についての言明として表示されている。また、Parsons は "Cul" と "Hold" という2つの述語を使って、事象―出来事 (event) と状態 (state) の対立を捕えようとした。"Cul" はイベントの進展や達成を表し、"Hold" は状態の保持を表す (Larson and Segal, 1995)。次の項では、これらの装置を使って、「Vてある」構文の事象構造の記述を試みる。

4.2　A型「Vてある」構文

A型「Vてある」構文は、(9)(以下に再録)のようにガ格主語―(開いた)窓―の存在についての言明であり、アスペクト的には atelic な事象を表す。

(9) 窓が開けてある

繰り返し述べているように、(9) が暗黙の動作主を論理的に含意するとしても、動作主が明示的に表示されることはない。「開け―て―あ―る (ake-te-ar-u)」に "neo-Davidsonian method" を適用して、「開け」と「ある」の事象構造を表示すると、両者は「窓」に対し共同の述語として結合されることになる。ただし、ここで注意したいことは、使役的 sub event は結果を表す sub event よりも時間的に先行するという点である。つまり、「Vてある」構文の事象構造は2つの sub event の間に時間的制約を設けることが必要になる。この点を考慮して (9) のようなA型「Vてある」構文の事象構造を表示すると次のようになる。("e < e'" は e が e' に先行す

ることを表す。）

(33) ∃ e, e' [[ACT (e) & agent (e, x) & theme (e, y) & Cul (e)]
[STATE (e') & theme (e', y) & Hold (e')]] e < e']

(33) の x は暗黙の動作主、y は対象（(9) では「窓」）を表す。(9) は、明示的には与えられていない動作主と「窓」を対象にもつ「開ける」行為と、(開いた) 窓の存在を要求するものの、両者にそれ以上の関係を認めるものではない。従って、「窓」という共通項の共有を超えて、「開ける」の進展と現在の状態が時間に相対的に関係づけられることが必要であり、(33) は、(9) では「開ける」というイベントの後に「(開いた) 窓」の存在が得られなければならないことを示している。

4.3　B型「Vてある」構文

(11)（以下に再録）のようなB型「Vてある」構文も（複雑述語全体としては）アスペクト的に atelic な事象を表す。

(11) 僕は、十分に寝だめしてある

しかしながら、B型「Vてある」構文は、主題やデ格／カラ格主語を結果／効果を表す sub event の経験者として見ることができるという特徴をもつ。既に触れたように、意味レベルでは、この経験者はもととなる使役的 sub event の動作主でもあり、例えば (11) では、睡眠を取るという自身の行為が経験者としての自身に当該の身体状況をもたらすもとになる。言い換えると、(11) は、「僕」という同じ個体を共有する2つの sub event によって構成される事象構造をもつということである。従って、(11) の意味には、「僕」が「眠る」という行為の主体である動作主であり、かつ、その効力が体内に蓄積される主体としての経験者でもあることが含まれている必要がある。このことを考慮して (11) のような B 型「Vてある」構文の事象構造を次のように記述することができる。("e < o e'" は e と e' が時間的にオーバーラップすることを表す。)

(34) ∃ e, e' [[ACT (e) & agent (e, x) & Cul (e)] [STATE (e') & experiencer (e', x) & Hold (e')]] e < o e']

(34) では、x がもととなる使役的 sub event の動作主であり、かつ、

結果を表す sub event の経験者であるだけでなく、もととなる使役的 sub event と結果を表す sub event が時間的にオーバーラップしていることに注意されたい。即ち、使役的 sub event はその効力や結果を経験者（である動作主自身）にもたらす source であり、この循環的な操作により、効力や結果が（xに）蓄積されるということである。従って、(34) は、［動作主—経験者シフト］と2つの sub event が時間的にオーバーラップする点において (33) に示した A 型「V てある」構文の事象構造と異なることを示している。

5.「V ておく」構文

「V ておく」は専ら「行為」を表すとされ、行為の「結果」や「準備の存続」を表す「V てある」としばしば対にして論じられてきた。ここでは、以上に示した「V てある」の分析結果を頭において、両者の違いに注意しながら、「V ておく」の意味について考察する。「V ておく」は、以下のように、（間接）受動文、擬似分裂文、命令文に生起することができるだけでなく、動作主主語のガ格名詞句とも共起することができ、全体として使役動詞としての特性をもつ。

(35) 間接受動文：
 a.（寒いのに、）僕は部屋の窓を開けておかれた
 b. 私は机の上にゴミを置いておかれた

(36) 擬似分裂文：
 a. 誰かがしたことは、窓を開けておくことだ
 b. 誰かがしたことは、机の上に本を置いておくことだ

(37) 命令文：
 a. 窓を開けておけ
 b. 机の上に本を置いておけ

(38) ガ格動作主主語：
 a. 太郎が窓を開けておく（こと）
 b. 花子が机の上に本を置いておく（こと）

また、(39a) のように、「V てある」のテ形に「おく」が後続する

パターンは容認されないのに対して、(39b)のように、「Vてお
く」のテ形に「ある」が後続するパターンは容認される。

(39) a. *このハガキ、とってあっておいたのね
　　 b. 　このハガキ、とっておいてあったのね

「Vてある」「Vておく」はどちらも意志動詞のテ形を第一要素に含
むと言われているが、(39b)だけが容認されるということは、「V
ておく」が使役的意志動詞としての特性をもつことを示している。

　益岡（1992）は、「Vておく」について「行為の結果が基準時に
おいて何らかの有効性を示す」とし、次のように、B型「Vてあ
る」構文と同じ［行為─結果］の関係を表す、とする。

(40) 天王山に向けてそれぞれの調整を指示してあります
　　　　(cf. 天王山に向けてそれぞれの調整を指示しておきました)

　ただ、「Vておく」構文とB型「Vてある」構文の間には、まず、
前者では、(41a–d)のように、動作主がデ格やカラ格だけでなく
ガ格主語としても具現化されるが、後者では動作主が表層文に現れ
ない（cf.(18a–f)）という違いがある。

(41) a. （僕が）切符を買っておく
　　 b. （僕が）ホテルを予約しておいた
　　 c. （僕たちが）計画をたてておく
　　 d. （子供たちが）祭りの準備をしておいた

(41a–d)で意志動詞テ形が表す行為の作用を受けるのはヲ格名
詞句（ここでは、「切符／ホテル」）であり、B型「Vてある」構文
のように、動作主がsub eventの経験者として自らの行為の結果や
効果を受けることはない。このことは、(42)(43)のように、「V
ておく」構文がもととなるsub eventの動作主に経験者として自ら
の行為の効果を受ける読みを与える「寝だめする／練習する」のよ
うな動詞を含む場合、動作主主語としてガ格名詞句を含み難くな
る*11、という事実によって確認できる。

(42) ?僕が十分に寝だめしておいた
(43) ?選手が十分に練習しておいた

　また、次のように、A型、B型の別に関わらず、「Vてある」構
文は、(44a–e)のように、意志動詞テ形に否定形を含めないが、

「Vておく」構文は、(45a–e) のように、否定形を含むことができる。

(44) a. ＊天王山に向けてそれぞれの調整を指示しないであります
　　 b. ＊窓が開けないである
　　 c. ＊机の上に本が置かないである
　　 d. ＊カーテンが閉めないである
　　 e. ＊その本を読まないであった

(45) a. （僕は）切符を買わないでおく
　　 b. 窓を閉めないでおく
　　 c. そのことは誰にも話さないでおいてくれ
　　 d. カーテンを閉めないでおく
　　 e. その本を読まないでおいた

(44a–d) の容認性の低さは、もともと「Vてある」構文は「結果」の存在やその効果の存続を表すものであるため、存在しない「結果」の存在や「効果」の存続は表し得ないことに起因する。これに対して、(45a–d) の「Vておく」構文は意志動詞テ形に否定形を含むことができる。このコントラストから、「Vておく」は肯定・否定に関わらず意志動詞テ形が表すもととなる sub event の実現や実行を意味することが分かる。つまり、(45a–e) は、「切符を買わない／戸を閉めない／そのことを誰にも話さない…」ことを選択し、それを「実現／実行する」(execute)、という意味を有しているのであろう。

とすれば、「Vておく」構文は、B型「Vてある」構文のように [行為―結果] という（一種の因果）関係を表すのではなく、むしろ、全体として、もととなる sub event の実現・実行 (execution)、即ち、[事象―実現／実行] 関係を表すのだと考えられる。従って、「Vてある」構文のように、意志動詞テ形が表す sub event が実行 (execution) に先行して起こる、という時間関係も生じない、と理解できる。以上を踏まえて「Vておく」構文の事象構造を記述すると、次のようなものになる。

(46) $\exists$ e, e' [[(not) ACT (e) & agent (e, x) & theme (e, y) &

          Cul (e)] [EXECUTE (e', e) & agent (e', x) & theme (e', y)
          Cul (e')]] e < o e']

　(46) では、xがもととなる sub event の動作主であり、かつ、それを実行する sub event の動作主でもある。つまり、xはもととなる sub event を実行し実現する主体であり、sub event の経験者として自らの行為の効果を受けることはない。そして、この点が、［動作主―経験者シフト］が生じるB型「Vてある」構文の事象構造との違いであり、「Vておく」が使役動詞と見なされる1つの根拠になると考えられる。

6. おわりに

　本章では、現代日本語の複雑述語「Vてある」構文を考察対象に、その意味的曖昧性が表層文には部分的にしか現れない構成要素の統語的関係に起因する現象であり、特に、［動作主―経験者シフト］が、B型「Vてある」構文の意味の構築にとって、重要な要因であることを明らかにした。また、これに併せて、A型、B型「Vてある」構文の意味を neo-Davidson 的なイベント意味論を援用してそれぞれ適格に記述できることを示した。また、「Vてある」構文との比較から、「Vておく」構文の意味特性について検討を加え、その意味を記述した。

---

*1　本章は、Yamamori（2010）に加筆したものである。
*2　「意志動詞」はその項となる名詞句とコントロール関係を有するものを指し、他動詞および非能格自動詞がこれに含まれる。例えば、(i) の意志動詞「読む」は (ii) のように言い換えることができるが、非意志動詞「知っている」は言い換えられない。
　　(i)　　 太郎は本を読んだ
　　(ii)　　太郎がしたことは本を読むことだ
　　(iii)　 彼は法律をよく知っている
　　(iv)　＊彼がしたことは法律をよく知っていることだ

非意志動詞は、次のように「Ｖてある」と共起できない。
  （v） ＊法律をよく知ってある
    （cf. 法律をよく知っている）
＊３ 杉村（2003）は、Ａ型が「対象の存在」を表す存在文であるとすれば、Ｂ型は「有効性の存在」を示す存在文であるとして、どちらも存在文の範疇に属する、と述べている。
＊４ 「基準時」は、(6c–e) では、当該文の〈発話時〉を指す。
＊５ ただし、埋め込み節なら、次のようにＢ型「Ｖてある」構文は、ガ格主語と共起することができる（岸本秀樹氏の指摘（P.C.））。
  （i）［彼が十分に寝だめしてある］ことはわかっている
＊６ 金水（2009: 281）では、主観的意志について、それがＢ型「Ｖてある」構文固有の意味であれば、主語は必ず一人称者でなければならないが、埋め込み文では３人称も可能になることから、語用論的に読み込まれる意味であると述べている。
＊７ ただし、(18c–f) の「ガ格名詞句」が総記（exhaustive-listing）の解釈をもつ場合、これらは容認可能な文になる。
＊８ 「主観的意志」については注６も参照のこと。
＊９ 非対格自動詞の詳細については、影山（1996）などを参照のこと。
＊10 "eventuality" は事象（event）と状態（state）の双方を指す。
＊11 ただし、(42)(43) も「ガ格名詞句」が総記（exhaustive-listing）の解釈をもつ場合、これらは容認可能な文になる。

第6章
いわゆる〈詠嘆の「も」〉について*1

　「も」は、「太郎も来た」のように英語の *also* と同じ意味を表し、沼田（1986）が「単純他者肯定」と呼ぶ「誰も」のような否定対極表現を作るだけでなく、「この街も変わらないなあ」「春もたけなわになりました」などの詠嘆を表す文にも現れる。このような環境に共通する特性はないとされ、「も」と組み合わされる語の性質もさまざまなものがある。

　例えば「誰も」「何も」等の不定語と組み合わされた「も」は全称量化子としての論理特性をもつと言われている（Kuroda (1965), Shimoyana (2001, 2006)）。一方、「息子もやっと一人前になりました」のような文に生起する「も」は詠嘆の「も」と呼ばれ（沼田, 1986）、*also* や全称量化子の「も」として説明できない意味特徴をもつ。本章では、この所謂詠嘆の「も」を取り上げる。そして、詠嘆の「も」を詳しく調べてみると、自由選択項目（個体変数と可能世界の変数を含む内包的な不定表現）と言われる「どんなNでも」とよく似た意味特性をもつことから、以下を主張する。即ち、〈詠嘆の「も」〉は、話者が直接知り得た「この街」や「春」の〈履歴〉を導入する。その結果、「この街も／春も」が「この街／春」の履歴の構成要素としての世界の変数と、その世界における「この街／春」の相としての個体変数を含む内包的な不定表現を形成することになり、これを背景に、文レベルでは「変わらない」「たけなわだ」により述語付けられる「今・ここ」の「この街／春」が焦点化される、というものである。従って、〈詠嘆の「も」〉は、「この街」「春」のタイプを個体の集合から個体概念の集合（＝属性）にシフトし、内包的文脈を構築するタイプ・シフターとして機能していることを提案する。そして、詠嘆の「も」を使用することができるのは、「も」が付加される名詞句の履歴を知り得る話者に

限られる点において、長い年月の経過に思いをはせる「詠嘆」のニュアンスが生じること、そして、それは *de re* 読みが与える効果であることを示し、前章までの議論で提案した話者情報の挿入という混合話法が詠嘆の「も」句でも観察されることを明らかにする。

1. はじめに

「も」は伝統的な品詞分類では係助詞に属し、不定語や固有名詞、普通名詞と結合する*2。一般的に、「も」は、「太郎も来た」のように英語の *also* と同じ意味を表す「も」と、「誰もいない」のように不定語と結合して否定対極表現を作る「も」の2つに分けて論じられてきた。本章で議論の対象となる（1a–j）のように詠嘆を表す文に現れる所謂〈詠嘆の「も」〉に関しては、上記の2つの「も」とは異なる第三の「も」として、これまで言語学や日本語学の研究対象として頻繁に取り上げられてきたものの、直感的な説明に終始し、〈詠嘆〉を表す、という以上の説明は行われて来なかった。

(1) a. この街も変わらないなあ
  b. 春もたけなわになりました
  c. 息子も一人前に成人した
  d. 私も年をとった
  e. 暑かった夏もやっとおわった
  f. 世も末だ
  g. このカバンも古くなった
  h. 夜も更けた
  i. 道も半ば
  j. 我慢ももう限界です

この章では、〈詠嘆の「も」〉が、話者が直接知り得た「この街」や「春」の履歴上の相を対照集合（alternative set: Rooth, 1985）として導入すること、その結果、「この街／春」の履歴の構成要素としての世界の変数と、その世界における「この街／春」の相としての個体変数を含む内包的な不定表現が形成されること、そして、これを背景に、文レベルでは「変わらない」「たけなわだ」により

述語付けられる「今・ここ」の「この街／春」の相が焦点化され、「この街／春」の履歴を知る者として来し方を振り返り感慨にふける「詠嘆」のニュアンスが生じることを示す。そして、詠嘆の「も」について、「この街」「春」のタイプを個体の集合から個体概念の集合（＝属性）にシフトし、内包的文脈を構築するタイプ・シフターとして機能するという見方を提示する。

　本章の構成は、まず、2節で、「も」について、幾つかの背景となる議論を簡単に提示し、詠嘆の「も」が、従来の「文中の種々の要素―自者―をとりたて、これに対する他の要素―他者―との論理的関係を示す」（沼田, 1986）と定義される「とりたて詞」や不定語と結合される場合の全称量化子という概念では十分に捉えられないことを示す。3節では、詠嘆の「も」と類似した意味特性をもつと考えられる自由選択項目の限定詞 *any* と「どんな」の意味特性について考察する。4節では、詠嘆の「も」のふるまいを詳しく調べ、詠嘆の「も」が、結合する名詞のタイプを個体の集合から個体概念の集合（即ち、属性）へシフトするタイプ・シフターとしての特性をもつことを明らかにする。そして、5節では、詠嘆の「も」およびそれが名詞と結合した「Xも」の論理構造を示す。さらに、「Xも」に全称量化の解釈と存在量化の解釈の2つの解釈が生じる曖昧性の仕組を明らかにする。最後に、6節はまとめである。

2.「とりたて詞」と全称量化子

　この節では、「も」に関する従来の研究を概観し、詠嘆の「も」について、従来の「文中の種々の要素―自者―をとりたて、これに対する他の要素―他者―との論理的関係を示す」（沼田, 1986）と定義される「とりたて詞」という概念や、結合される不定語を量化する全称量化子という概念だけでは不十分であることを示す。

2.1 「とりたて詞」

　沼田（1986）が「単純他者肯定」と名付ける機能をもつ「も」は、普通名詞（CN）や固有名詞と結合して、「太郎が来た」に加

えて「太郎以外の人も来た」という（文の表層には現れない）隠れた前提を導入する。沼田は、この「単純他者肯定」の「も」を、「しか」「さえ」などと共に、「文中の種々の要素―自者―をとりたてて、これに対する他の要素―他者―との論理的関係を示す」という意味で、「とりたて詞」に分類する。また、隠れた前提として「次郎＞三郎＞花子＞一郎＞太郎」のように「来る可能性の尺度」が想起される文脈においては、「太郎以外の人も来た」に加えて、「太郎さえ来たのだから、当然、他の連中も来た」という、部分集合から上位集合への含意である monotone increasing 特性をもった会話の含意が派生されることになる。

　しかし、これと同じ説明を「春もたけなわになりました」に適用することはできない。詠嘆の「も」が、「単純他者肯定」の「も」と同じ意味を表すのなら、「春も夏も秋も冬もたけなわになりました」といった隠れた前提が導入される筈である。しかし、(2a–c) が示すように、このような解釈は生じない。

(2) a. 春もたけなわになりました　→　*秋も夏も冬もたけなわになりました
　　b. 夜も更けたなあ　→　*朝も昼も更けたなあ
　　c. 長かった期末試験も済んだし、やれやれだ
　　→ *短かった中間試験も済んだし、やれやれだ
　　d. 息子も一人前に成人した　→　*娘も一人前に成人した

沼田（1986）は、このようなふるまいを示す詠嘆の「も」について、あたかも交替可能な要素が存在するかのように擬制し、他にも同類のものがあるかのごとく見せかけて、文意を間接的に柔らげる効果をもつ、とする。つまり、交替可能な要素や他にも同類のものはなく、詠嘆の「も」と「単純他者肯定」の「も」の間に実質的な意味論的共通点は見られないということである。見方を変えると、詠嘆の「も」や「柔らげる効果」という漠然とした文言は、逆に、(1a–j) の例に現れる「も」の扱いの難しさを反映していると言えるかもしれない。つまり、適切な交替可能な要素や同類のものが、一見ないように思われるが、その場合、そのことは、本当にそのような交替可能要素が存在しないことを意味するのか、あるいは単に、

適切な交替可能要素の候補が想い浮んで来ない、ということを意味するのか、を判断しなければならない。

　しかし、(1a–j)の例を「単純他者肯定」の「も」と比較することは有益である。「も」は「文中の種々の要素——自者——をとりたて、これに対する他の要素——他者——との論理的関係を示す」という意味でfocus particleの1つであると仮定した場合、(1a–j)の読みを認可する何らかの適切な「他の要素」が明らかに存在するはずなのに、(2a–d)が示すように、それが何も存在しない（ように見える）のはなぜなのか、という問題をこそ考えるべきであると思われるからである。このことを頭に置いて、次に、不定語と結合する「も」について概観しよう。

2.2　全称量化子

「も」は、「誰も」のような否定対極表現にも現れる。ただし、不定語と「も」の組み合わせはそれだけではない。(3)が示すように、(ii)の否定対極表現の他、アクセント・パターンを変えると(i)の全称量化表現が作られ、「でも」を付加すると(iii)の自由選択項目が作られる。（ここでは、(i)(ii)のアクセント・パターンの違いを示すために、ローマ字で表記する。括弧内は日本語に対応する英語の項目である。）*3

(3)　　　dare (person)　　dore (thing)　　doko (place)
　(i)　　da're-mo (everyone)　do're-mo (everything)　do'ko-mo (everywhere)
　(ii)　 dare-mo (anyone NPI)　dore-mo (anything NPI)　doko-mo (anywhere NPI)
　(iii)　dare-de-mo (anyone FC)　dore-de-mo (anything FC) doko-de-mo (anywhere FC)

このような「不定語+も」の分析には、2つの流れがあるように思われる。一つは、Nishigauchi (1986)の統語論的な分析の流れで、もう1つは、Shimoyana (2001, 2006)の意味論的な分析の流れである。Nishigauchi (1986)では、(4a)のような例について、LFにおいて複合名詞句の島（「どの先生が書いた本」）全体がMoPの指定部に移動し、続いて「どの先生」が島から取り出され、島の残りが統語的に再構築される、という分析が示されている (cf. (4b))。

(4) a. [[どの先生が書いた] 本] もおもしろかった
For every teacher x, the books that x had written were interesting.
b. [$_{MoP}$ which teacher [[$_{NP}$ the books that t had written] mo]] [$_{VP}$ were interesting]

これに対して、Shimoyama (2001, 2006) では、「Xも」の「も」は、統語構造上C統御する位置にある要素Xを量化する全称量化子である (Kuroda, 1965)*4 との観点から、「誰／何／いつ」などの疑問詞を含む疑問詞疑問文は可能な答の集合としてAnswer-Set (q) を構築するというHamblin (1973) を援用して、「も」の意味を (5)、また、「Xも」の意味を (6) のように規定している。

(5) MO=$\lambda P \lambda Q \forall x [P(x) \to Q(x)]$, where $x \in D_e$, and P, Q $\in D_{\langle e, t \rangle}$

(6) $[[X] mo] = \lambda Q \forall x [[X](x) \to Q(x)]$, of type $\langle \langle e, t \rangle, t \rangle$

直観的に言えば、「も」の意味は $[P(x) \to Q(x)]$ を満足する x の集合である。このxの全称量化子としての「も」の意味は、内包を考慮すると、(5) のように翻訳される。ここで、xはタイプ $\langle e \rangle$ (個体) の変数であり、P、Qはタイプ $\langle e, t \rangle$ (個体の集合) の変数である。(5) の定義を用いて「Xも」を翻訳すると、$\lambda Q \forall x [P(x) \to Q(x)](X')$ になる。Pに適用される項のX′を代入すると (6) の式を得る。この [[X] mo] のタイプは $\langle \langle e, t \rangle, t \rangle$ (個体の集合の集合)、つまり、一般量化子のタイプである。

(5) に従えば、「も」は最初にNPと結合し、その後、VPやAPと結合されることになる。この考えに従うと、(4a) は次のように表示されることになる。

(7) a. $\forall x [book(x) \to interesting(x)]$
b. $\forall x [teacher(x) \to intresting(\iota y [book(y) \& written by(x)])]$

つまり、Shimoyama (2001, 2006) では、「も」を統語構造上「も」の姉妹位置にある構成素が表すP-集合を全体にわたって全称量化する一般量化子であり、統語構造上「も」と姉妹位置にある要素Xが常に制限節項であり、前提を構成し、それを除いた文の残

りが存在閉包（焦点）を形成する、とされる。Xは任意のタイプを表し、Xの指示対象である前提集合は当該文脈によって規定されると仮定すると、「も」の前提導入表現としての側面を統一的に扱うことができるようになる。この考えをそのまま詠嘆の「も」に適用できるわけではないが、Shimoyamaの主張を「Xも」の分析の出発点とすることにしよう。

なお、「Xも」が全称量化表現であるかどうかは、次のようなテストによって確認できる。例えば、英語では、(8a, b) のように、全称量化表現だけが *almost* や *absolutely* などの修飾語や例外を表す句と共起できる、と言う (Dayal, 1995)。従って、「Xも」が全称量化表現であれば、これらの副詞と共起できるはずである。

(8) a. John talk to almost/absolutely any woman who came up to him.
　　b. John talked to any woman who came up to him except Sue.

実際に、見てみると、(9a, b)(10a, b) が示すように、「不定語＋も」や「不定語＋でも」の「(で)も」も、*almost* や *absolutely* に対応する日本語の「たいてい／絶対に／完全に／まったく」などの副詞や例外句と共起することができる。このことから、「も」が全称量化子としての特性をもつことが分かる。

(9) a. 彼が書いたどの論文も絶対におもしろい
　　b. 彼が書いたどの論文もそれ以外はおもしろい
(10) a. ジョンは誰にでも {たいてい／絶対に} 話しかける
　　 b. ジョンは誰にでもスーを除き話しかける

では、詠嘆の「も」を含む例にも同じことが成り立つかどうか見てみよう。

(11) a. この街もまったく変わらないなあ
　　 b. 春も完全にたけなわになりました
　　 c. この街も××界隈以外は変わらないなあ
　　 d. 春も気温以外はたけなわになりました

詠嘆の「も」句も「不定語＋も」と同様の結果になった[*5]。この事実は、詠嘆の「も」もまた全称量化子であることを示唆している。

ただし、不定語と結合される「も」と詠嘆の「も」が全称量化子であるとしても、これらの形式が同じ意味を表すわけではない。では、「Xも」を異なる意味に選別するさらなる要因とはどのようなものなのだろうか。そのために、次項では、*da're-mo* (everyone) と *dare-mo* (anyone NPI) の違いを明らかにする作業に取り掛かろう。

2.3　*Da're-mo* (everyone) vs. *Dare-mo* (anyone NPI)

ここでは、一体何が「Xも」の分布を制限しているのかを見つけるために、まず（3）の（i）*da're-mo* (everyone) と（ii）*dare-mo* (anyone NPI) の意味の違いを明確にする。そのために、Giannakidou (2001) の *i-alternatives* と呼ばれる概念を援用する。

ではまず、（12a）と（12b）を比較してみよう。一般的に、統語論では否定対極表現は Neg P の指定部、即ち、否定の統語論的なスコープの外側に移動すると考えられているので、（12a, b）の意味は（13a, b）のようにそれぞれ表示される*6。

(12) a.　誰も来なかった
　　　　（No one came.）
　　 b.　誰'も来なかった
　　　　（Everyone did not come.）
(13) a.　¬∃x [person (x) ∧ came (x)]
　　 b.　∀x [person (x) →¬ came (x)]

（13a）では、¬が存在量化子の∃よりも広いスコープをとるので、「来た人は一人もいない」という読みを得、（13b）では¬が全称量化子∀の作用域にあるので、「どの人も来なかった」という読みを得る。（13a）と（13b）は置き換え可能な関係にあることが確認できるので、（12a）と（12b）の「誰も」はどちらも当該文脈の与える人の集合を表す、と言ってよい。しかし、実際に（13a）から「人の集合」という解釈が導かれるプロセスは明らかではない。そこで、（14）のように規定される *i (dentity) -alternatives* と呼ばれる世界に応じて異なる値を取る変項の集合を用いて、（12a）=（13a）の意味をもう少し詳しく検討してみよう。

(14) *i-alternatives*

A world w_1 is an i-alternative wrt α iff there exists some w_2 such that $[\![\alpha]\!]^{w1} \neq [\![\alpha]\!]^{w2}$.　　　　(Giannakidou, 2001: 705)

i-alternative の w_1 と w_2 は、α に与えられる値以外は全てが同じ世界である。ここでは、3つの世界を要素とする世界の集合：W= {world$_1$, world$_2$, world$_3$} と、3人の個体を要素とする個体領域：D= {person$_1$, person$_2$, person$_3$} から成るモデルを仮定してみよう。すると、(12a) の読みは次のような状況で成立すると考えられる。

(15) a.　　w_1: g（x）= person$_1$
　　　　　$[\![person（x）\wedge came（x）]\!]^{w1, g} = 1$
　　 b.　　w_2: g（x）= person$_2$
　　　　　$[\![person（x）\wedge came（x）]\!]^{w2, g} = 1$
　　 c.　　w_3: g（x）= person$_3$
　　　　　$[\![person（x）\wedge came（x）]\!]^{w3, g} = 1$

このモデルでは、付値関数 g が変項 x に異なる個体を値として与えるので、有効な x の値が総てリストアップされることになる。ただし、(12a) は否定辞を含むので、「誰も」は Neg P の指定部に移動する。Neg P の指定部は、その項として命題全体を取る位置でもあるので、(12a) は (16) のように表示されることになる。

(16) λ w λ x [person（x）（w）$\wedge \neg$ came（x）（w）]

ここで大切なことは、*da're-mo*（everyone）が単一の世界に含まれる人の集合を表す existential indefinite であるのに対して、否定対極表現の「誰も」は、世界毎に異なる値をとる人の集合、即ち、個体変数と世界の変数を含む内包的な不定表現である、という点である。Giannakidou（2001）の言葉で言うと、否定対極表現の「誰も」に含まれる「も」は、不定語「誰」と結合して内包的属性を出力として返すタイプ・シフターとして機能するということになる。

　上の（2）（以下に再録）に示したように、詠嘆の「も」を含む「CN も」は、当該の CN 以外に交替可能な要素が見つからず、単一の世界に含まれる要素集合を表さないことは確かであることから、否定対極表現としての「誰も」を巡るここまでの議論を詠嘆の「も」を含む名詞句にも当てはめられるように思われる。

(2) a. 春もたけなわになりました → *秋も夏も冬もたけなわになりました
　　b. 夜も更けたなあ → *朝も昼も更けたなあ
　　c. 長かった期末試験も済んだし、やれやれだ
　　　→ *短かった中間試験も済んだし、やれやれだ
　　d. 息子も一人前に成人した → *娘も一人前に成人した

これらの例は、話者自身の記憶をたどり、「春／夜／期末試験／息子」の一連の履歴の中に、「たけなわになった／更けた／済んだ／一人前になった」という「今・ここ」の出来事を焦点として位置付けようとする際、発せられる文のように思われる。従って、どの例においても「も」は「春／夜／期末試験／息子」に対して時間的な全称量化の枠組を加えていると考えることができる。そして、その意味で、個体変数と世界の変数を含む内包的な不定表現の自由選択項目（free choice item: "Any owl hunts mice." の "Any owl"）とよく似た特徴を示すと言えるだろう。そこで、次節では、内包的属性と詠嘆の「も」句の関係を探るために、まず自由選択項目（free choice item）について考察することにしよう。

3. 自由選択項目

　この節では、詠嘆の「も」句の意味特性を探求するために、自由選択項目の意味特性を詳しく調べてみることにする。そのために、まず、*any* を限定詞にとる英語の自由選択項目の特性を概観しておこう。

3.1 Any

英語の *any* には次のように幾つかの用法がある。そのうち、(17c) が自由選択項目を作る *any* の例である。

(17) a. I don't have any potatoes. 　　(polarity sensitive any: PS any)
　　 b. Do you talk to anybody?
　　 c. Any owl hunts mice. 　　(free choice any: FC any)

自由選択の any は普通名詞（CN）と結合して自由選択項目を形成するが、以下のような特性や分布条件をもつことが指摘されている。

(18) any CN は不定名詞句であり、any はそれを含む文が他の言明を含意する場合に認可される　　　　　　　　　　　(Heim, 1982)

(19) a.　自由選択の any CN は個体変数と状況／可能世界の変数を含む内包的な不定表現である。

　　b.　状況／世界の alternative を提供し得る、エピソード文ではない文脈で認可される。　　　(Kadmon and Landman (1993)、Dayal (1998)、Horn (1989, 2000)、Giannakidou (2001)、Jayez and Tovena (2005) など)

　　c.　Non-Individuation Constraint (Jayez and Tovena, 2005: 40)：
　　　　自由選択項目は文Sにおいて、(i) 文Sが指示的ではない、または、(ii) 文Sが指示的情報に還元し得ない何かを伝達する場合に認可される。

これに加えて、Giannakidou (2001) は、自由選択項目を作る any は、(20) に示すように、結合する普通名詞のタイプを個体の集合から個体概念の集合（即ち、属性）にシフトするタイプ・シフターとして機能するとし、existential indefinite と FC indefinite の違いがタイプの差に還元されること、従って、後者は個体変項と世界の変項を束縛する能力をもつ演算子によって束縛されなければならない、と主張する。

(20) The FC determiner is a type-shifter of type $\langle\langle e, t\rangle, \langle s, \langle e, t\rangle\rangle$
　　　⟦DET$_{FC}$⟧= λ P$\langle e, t\rangle$. λ w. λ x. [P (x) (w)]
　　　⟦any student⟧= student (x, w)

この考えに従えば、any student は、個体変項 x と世界の変項 w を含む不定表現として表示されることになる。

　以上が英語の自由選択項目の特性である。同じ特性を日本語の自由選択項目も示すのだろうか。次項では、日本語の自由選択項目について考察してみよう。

3.2 「どんな CN（で）も」vs.「どの CN（で）も」

ここでは、濱本（2004）の論考を概観する。濱本は、自由選択項目は、世界のオルタナティブを提供する、エピソード文ではない文脈で認可される内包的な不定表現であるとの観点（cf.（19a, b））から、「どんな CN でも」と「どの CN でも」を比較し、「どんな CN でも」が CN の内包的属性を表すのに対して、「どの CN でも」は CN の外延を表す、と主張する。

次の例を比べてみよう。

(21) a. どんなケーキでも食べていい
  b. どのケーキでも食べていい

(21a) はカフェ到着前に発話できるが、同じ状況で（21b）は不自然である。(21b) が適切であるのは、話者の目の前にケーキがある場合に限られる。濱本によると、この分布上の違いは、「(で) も」の姉妹位置に生起する不定名詞句の意味的な違いに依存する、と言う。つまり、(21b) では、「(で) も」の姉妹位置に生起する「どの CN」は $\langle e, t \rangle$（個体の集合）のタイプを表し、「どの CN でも」全体で $\langle \langle e, t \rangle, t \rangle$（個体の集合の集合）のタイプを表す、と言う。これに対して、(21a) の「(で) も」の姉妹位置に生起する「どんな CN」の「どんな」は、(22) のような意味をもつ「内在的モーダル要素」である、と述べている。

(22) $\|$どんな$\|$ = λP ARBw λx $[P(x)(w)]$ （濱本, 2004: 330）

ARB は、文脈に応じて世界の変数を束縛する文脈感応型の恣意的演算子と規定されている。従って、(21a) の意味は、（様相論理の possible modal operator は存在量化子であるので）、(23) のようになる、と言う。

(23) a. [MAY [eat (you, ANY cake)]]
  b. $\exists$ w, x [ARB (w) $\wedge$ cake (x, w)] $\rightarrow$ eat (you, x, w)]

ここでは、*ARB* によって世界の変数 w が束縛されると w 毎に異なるケーキが個体変数 x に与えられ、「どんなケーキでも」はケーキの個体概念、つまり、属性を表すことになり、文脈によって限定される範囲のケーキであればどれを食べてもよい、という読みが導出されることになる。

濱本によれば、ARBは、発話文脈に即して世界を制限するので、世界の過剰束縛、つまり、非関与的な世界の氾濫を制御することができる、と言う。しかし、先行研究において指摘されているように、ARBには、上の（21a）と次の不自然な（24）とを区別できないという欠陥がある。

　（24）＊どんな人でも夕食を食べなかった

（21a）のような例では発話文脈に即して世界をうまく制限できるので、適切な世界に容易にアクセスすることができる。しかし、（24）では、世界の範囲が限定され得ず、適切な世界にアクセスすることが困難になる。ARB自体に適切な世界の範囲を限定する能力がない以上、（21a）と（24）を区別することは、明らかに不可能なことであると言えるだろう。

　また、ARBには別の問題もある。先述した通り、「どんな」が内包的文脈を作る恣意的演算子であるとすると、「どんなCNでも」は、特定の出来事を表す（25a）のようなエピソード文に生起できず、逆に、（25b）のような様相文には生起できることが予測される（cf. (19b)）。

　（25）a.　＊どんな人でも寄付をした　　　　　　（エピソード文）
　　　　b.　どんな人でも寄付できた　　　　　　　（様相文）
　　　　c.　誰もが寄付をした　　　　　　　　　　（エピソード文）

ところが、予測に反して、実際には、（26）のように「どんなCNでも」が特定の時間を表す時間表現を含むエピソード文に生起できる場合がある。

　（26）先週、病気のとき、花子はどんな食べものでも食べた

（26）は、「どんなCNでも」が濱本の恣意的演算子ARBに束縛されるという考えとは相容れない。このように見てくると、ARBによる世界の束縛状況に即して「どんなCNでも」に（全称的解釈から存在的解釈に至るまでの）多様な解釈が生じるという濱本の説明は、十分に明らかなものではないと判断される。

　これらのことから、濱本が主張するように「どんな」を様相演算子と見なすことは困難であると言えるだろう。むしろ、「どんな」は、自由選択項目の限定詞である*any*と同じく、CNと結合して不

定表現を形成し、(「も」と結合することにより)、属性表示表現としての解釈を促す、と捉えた方がよい。次節では、この観点から、詠嘆の「も」句について考えよう。

4. 詠嘆の「も」句

この節では、詠嘆の「も」句のふるまいを詳しく調べ、その意味特性を分析するための根拠を探る。その過程において、前節で検討した「どんなCNでも」の属性表示表現という特性が重要な役割を果たすことを示そう。

4.1 分布条件

英語の *any* は普通名詞と結合して自由選択項目を形成するが、詠嘆の「も」は、主語―主題位置において、普通名詞だけでなく、次のように、固有名詞や指示的人称代名詞と結合する場合にも認可される。

(27) a.　{祇園祭／春} もたけなわになりました
　　 b.　{太郎／息子} も一人前に成人した
　　 c.　{2014年／今年} も押しつまってきた
　　 d.　{山田／彼} もめっきり老けたなあ

先述したように、「単純他者肯定」の「も」が交替可能な要素の集合という隠れた前提を示唆するのに対して、詠嘆の「も」にこのような機能はない。そのため、冒頭で触れたように、沼田 (1986) は、あたかも交替可能な要素が存在するかのように擬制し、他にも同類のものがあるかのごとく見せかけて、文意を間接的に柔らげる効果をもつ、と言う。しかし、詠嘆の「も」は、このような意味特性の規定不可能性にも拘らず、一定の環境に生起し、安定した分布条件を示していると言えるのである。では、順に見ていこう。まず、詠嘆の「も」は次のような総称文には現れない。これらの例では「は」だけが認可される。

(28) a.　息子 {*も／は} 愛しい
　　 b.　春 {*も／は} 夜明けがよい

    c.　クジラ {*も／は} 哺乳類だ

また、詠嘆の「も」は、(29a, b) のように、特定の時間を表す時間副詞「昨日」と共起できない。さらに、(30a, b) のように、様相的な文脈にも生起できない。

(29) a.　*昨日、春もたけなわになりました
     b.　*昨日、山田もめっきり老けたなあ
(30) a.　*春もたけなわになれる
     b.　*山田もめっきり老けられるなあ

これらのふるまいは、詠嘆の「も」の分布条件と、(19b) の「エピソード文でない文脈で認可される」という自由選択項目の分布条件との間にズレがあることを示している。つまり、詠嘆の「も」は、特定の時間副詞とは共起しないが、かといって、総称文や様相文のような「エピソード文でない文脈」で認可されるわけでもない、という（属性表示表現としては）矛盾するふるまいを示すことが分かる。この事実は詠嘆の「も」のどのような意味特性と関係しているのだろうか。この問題を考察する前に、次項では、詠嘆の「も」が示すもう1つの重要な特性を見ておこう。

4.2　内包的不定表現　属性の集合

　一般的に、「も」が常に全称量化子としてふるまうのなら、詠嘆の「も」を伴う先程の (27a–d) の「春も」や「息子も」（以下、詠嘆の「も」句という）も、(31a, b) のように、全称的な解釈を受けるはずである。

(31) a.　*春もすべてたけなわになりました
     b.　*息子もすべて一人前に成人した

しかし、(31a, b) は明らかに不自然な文であり、「も」が常に全称的な解釈を示すわけではないことが確認できる。むしろ、(27a, b) において「春も」「息子も」が表すのは、時間軸に沿って想起される「春」「息子」の履歴であると考えたほうがよいだろう。つまり、詠嘆の「も」句では、ホスト名詞句である「春」「息子」の指示対象が述語付けと世界の推移に即して変容し、異次元の世界と述語のペア毎に変容する「春」「息子」の諸相が表現されている、と考え

るのである。この考えが妥当であることは、詠嘆の「も」句が、恒常的な状態を表す総称文にも、特定の時間を表す時間副詞を含むエピソード文にも生起し得ない、という分布条件をもつことによってサポートされる。

では、この読みはどのようして得られるのだろうか。再び、Giannakidou (2001) の i (dentity) -alternatives の概念を使って見てみよう。先程と同じく、3つの世界 W = {world$_1$, world$_2$, world$_3$} と3つの述語 P= {come, grow, deepen} を含むモデルを仮定すると、(27a)(以下に再録)は(32)のような状況で成立すると考えられる(ただし、(15) の i-alternative の w$_1$〜w$_3$ では、ホスト名詞句の値以外は全て同じ世界であったのに対して、(32) の w$_1$〜w$_3$ では、ホスト名詞句の値 (spring) は同じだが、述語の値が異なる世界になっている)。

(27) a.　春もたけなわになりました

(32) a.　$w_1: g(x) = spring_1$
　　　　$[\![spring(x) \wedge come(x)]\!]^{w1,g} = 1$

　　b.　$w_2: g(x) = spring_2$
　　　　$[\![spring(x) \wedge grow(x)]\!]^{w2,g} = 1$

　　c.　$w_3: g(x) = spring_3$
　　　　$[\![spring(x) \wedge deepen(x)]\!]^{w3,g} = 1$

(32) では、付値関数 g が述語 (come, grow, deepen) の与える「春」の異なる相を時間軸に沿って世界の変項 x に与えるので、(話者の知り得る、あるいは、体験した)「春」の履歴がリストアップされることになる。つまり、自由選択項目の any はそれが結合する個体を世界と関係づけるのに対して、詠嘆の「も」は個体ではなく述語を世界と関連づける点において異なっている*7。従って、「春も」は、述語を介して、時点毎に異なる「春」の履歴を与える、と言うことができるだろう。このように考えれば、先程触れた、詠嘆の「も」の分布条件と自由選択項目の分布条件との間に観察されるズレをうまく説明することができる。つまり、詠嘆の「も」句が示す、特定の時間副詞とは共起し得ないが、かといって、総称文や様相文のような「エピソード文でない文脈」で認可されるわけでも

ない、という一見矛盾するふるまいは、詠嘆の「も」が、「春」（の諸相）を表す述語を世界と関連づけ、「春」の履歴（「春」の諸相の集合）を意味することに起因する現象だと言うことができるだろう。その結果、詠嘆の「も」句味は、Giannakidou (2001) が自由選択項目を作る *any* に関して述べた〈結合する普通名詞のタイプを個体の集合から個体概念の集合（即ち、属性）へシフトするタイプ・シフター（cf. (20)）〉としての特性に類似した意味をもつことになる。

以上この節では、限られた例ではあったが、詠嘆の「も」句が述語付けを介して、個体と世界の変数を含む内包的な不定表現としての特性をもつことを確認した。次節では、詠嘆の「も」句が示す〈総記〉と述語付けによる〈とりたて〉（即ち、焦点化）という2つの読みがどのように生起するのかを、濱本のARB演算子や全称量化子を使うことなく、うまく説明できることを示そう。

5. 分析

この節では、ここまでの議論に基づいて、詠嘆の「も」は、(33) のように、$\langle\langle\tau\rangle, \langle s, \tau\rangle\rangle$ のタイプ*8をもつタイプ・シフターであり、詠嘆の「も」句の「Xも」は世界と時間のペアから個体への関数として機能し得ることを主張する。このことは同時に、詠嘆の「も」句の外延が、(34) のように表示されることを示している。

(33) MO = $\lambda P \lambda Q \forall x [P(x) \rightarrow Q(x)]$, where $x \in D_{\langle s, e\rangle}$, and $P, Q \in D_{\langle\langle s, e\rangle, t\rangle}$

(34) $[[X] \text{ mo}] = \lambda Q \forall x [[X](x) \rightarrow Q(x)]$, of type $\langle\langle s, \langle\langle s, e\rangle, t\rangle\rangle, t\rangle$

(33) のP, Qはタイプ $\langle\langle s, e\rangle, t\rangle$ の変数（個体概念の集合）、xはタイプ $\langle s, e\rangle$ の変数（個体概念*9）である。また、(34) のQはタイプ $\langle\langle s, \langle\langle s, e\rangle, t\rangle\rangle, t\rangle$ の変数（個体概念の性質の集合）であり、「X」はタイプ $\langle s, \langle\langle s, e\rangle, t\rangle\rangle$ の変数（個体概念の性質）である。

この分析によれば、例えば、(27a) の「春も」は、時間の経過

に即して捉えられる春の属性（直観的に言えば、履歴）を表す。そのため、この場合、「春も」に特定の個体を表す読みは生じず、「春」の属性として、タイプ $\langle\langle s, e\rangle, t\rangle$ の個体概念の集合（＝属性）を表すと考えられる。従って、(27a) は (35) のように翻訳され、「春」の「たけなわになった」カレントな相を叙述する文として理解されることになる

(35) $x, y \in \text{var} \langle s, e \rangle$
$\exists x [\forall y [\text{spring}'(y) \leftrightarrow x = y] \wedge \text{takenawani-naru}'(x)]$

次に、詠嘆の「も」が特定の個体を表す「太郎」と結合する (27b) の場合を考えてみよう。(27b) の「太郎」も太郎（＝個体）の属性の集合を表すとすると、「太郎も」は異なる世界—時点毎に「太郎」の異なる相を値として与える関数として機能すると考えられる。従って、(27b) は (36) のように翻訳され、「太郎」の「成人した」カレントな相を取り出す文として理解される。

(36) $x, y \in \text{var} \langle s, e \rangle$
$\exists x [\forall y [\text{Taroo}'(y) \leftrightarrow x = y] \wedge \text{seizin-suru}'(x)]$

同じ分析を自由選択表現の「どんなCNでも」に適用すると、(37) は (38) のように翻訳される。

(37) どんな学生でもこの問題が解ける

(38) $y \in \text{var} \langle s, e \rangle$
$\forall y [\text{student}'(y) \rightarrow \text{tokeru}'(y, \text{this problem})]$

(37) の「どんな学生でも」も個体概念と考えると、(38) の y はタイプ $\langle\langle s, e\rangle, t\rangle$ の変数（個体概念の集合）と見なされ、「どんな学生でも」は個体変数と世界—時点の変数を含む不定表現として解釈されることになる*10。

以上は、詠嘆の「も」句と自由選択項目の「どんなCNでも」を共に、内包的文脈に置き、個体概念の属性を表す関数として処理するものである。では、(27a, b) に存在量化の解釈、(37) に全称量化の解釈という異なる解釈が派生されるのはなぜなのだろう。

この点について、解釈の違いは、当該文の主動詞が stage level 述語か individual level 述語か、という述語の違いに還元される問題であることを提案したい。2.2項で触れたように、Shimoyama

(2001, 2006) に従えば、「も」は、統語構造上「も」の姉妹位置にある構成素が表すP-集合を全体にわたって全称量化する一般量化子であり、統語構造上「も」と姉妹位置にある要素Xが常に制限節項を形成し、それを除いた文の残りが存在閉包を形成する。とすれば、(27a, b) では、stage level 述語を本動詞に取るので、「春も」「息子も」は存在閉包で量化され、その結果、存在量化の解釈を受ける。一方、(37) では、individual level 述語を本動詞に取るので、「どんな学生でも」はLFで制限節にmapされ、全称量化の解釈を受ける、と説明することができる。と同時に、詠嘆の「も」句が存在閉包で存在量化の解釈を得るとすれば、それは、詠嘆の「も」句が、総称文や様相文のような「エピソード文でない文脈」で認可されないことについて説明を与えることになる。

ただし、例えば、(27b) の「太郎」が個体概念ではなく個体として解釈される場合、「も」は「単純他者肯定」の「も」として「太郎」以外の隠れた前提を伴立し、(39a) のような読みが与えられることになる。

(39) a. 太郎も一人前に成人した　→　太郎も花子も一人前に成人した
 b. 君も年をとったなあ　→　君も彼も年をとったなあ
 c. この街も変わらない　→　この街もあの街も変わらない
 d. このカバンも古くなった　→　このカバンもあのカバンも古くなった

「君」「この街」「このカバン」といったホスト名詞句は外延的解釈を受けやすく、その場合には、(39b-d) の含意が派生されると見なすことができるだろう。

6. おわりに

本章では、「春もたけなわになりました」のような文に含まれる所謂詠嘆の「も」とは一体何者であるかを解明することを通して、詠嘆の「も」句の論理特性を明らかにした。詠嘆の「も」は「単純

他者肯定」の「も」と異なり、結合される名詞句と交替可能な要素を構成素とする対照集合を伴立しないという特徴をもつ。しかし他方で、特定の対象を指示せず、特定の時間副詞とは共起しない点において、自由選択項目の「どんなCNでも」と類似する。この一見相反する特徴を捉えるために、Giannakidou (2001) の i(dentity)-alternatives の概念を用いて、自由選択項目の any はそれが結合する個体を世界と関係づけるのに対して、詠嘆の「も」は個体ではなく述語を世界と関連づけること、その結果として、異なる時点毎の「春」の相の集合（＝履歴）がリストアップされ与えられることを明らかにした。

そこで、詠嘆の「も」は、$\langle\langle e, t\rangle, \langle s, \langle e, t\rangle\rangle$ のタイプをもつタイプ・シフターとして、ホスト名詞句のタイプを〈個体の集合〉から〈個体概念の集合〉（即ち、属性、より直観的には、履歴）にシフトする機能をもち、個体変数と世界の変数を束縛する内包的な不定表現を作る、と考えた。

しかし、これでは、詠嘆の「も」句が、総称文や様相文のような「エピソード文でない文脈」で認可されないことを説明することができない。そこで、詠嘆の「も」句にはもう1つ focus particle としての機能があることを示した。即ち、「も」を統語構造上「も」の姉妹位置にある構成素が表すP-集合を全体にわたって全称量化する一般量化子であり、制限節（前提）と存在閉包（焦点）の2つの項を取ると仮定すると、上の例では「春も」が存在閉包で量化され存在量化の解釈を受けると同時に、述語付けの対象として、カレントな「春」の状態を示し、それを焦点化できることを提案した。これにより、詠嘆の「も」句が総称文や様相文のような「エピソード文でない文脈」で認可されないことへの説明を提供することができる。

このような論理特性をもつ詠嘆の「も」句は、もう1つ語用論的な分布条件をもつ。それは、詠嘆の「も」句が表す内包的不定表現は、常に、話者／著者が直接知り得るホスト名詞句の履歴をその前提としてもつ、ということである。別の言い方をすれば、ホスト名詞句の履歴を知り得る者だけが、話者として詠嘆の「も」句を使用

することができる、と言ってよい。従って、次のように、ホスト名詞句の履歴を知り得ない話者／著者が詠嘆の「も」句を使用すると不自然な文になる。

(40) a. 「太郎」とは初対面の人が曰く、#太郎も一人前に成人した
b. 「この街」にはじめて来た人が曰く、#この街も変わらないなあ
c. 「このカバン」を友人から譲り受けた直後に曰く、#このカバンも古くなった

この事実は、話者の直接知り得る情報を表す、という意味で詠嘆の「も」句が *de re* 読みをもつものであり、詠嘆の「も」が、話者情報を挿入するために有用な装置として機能することを改めて示すと共に、履歴を知る者であるがゆえに、例えば「春」や「息子」の来し方を想い起し感慨にふける詠嘆のニュアンスが生じ得るのだと言うことができるだろう。ここに至って、*de re* 読みによる内包的文脈創設の実態が、ようやく明確になってきたように思われる。

---

*1 本章は、Yamamori (2008b) に基づいている。
*2 『国語大辞典』(小学館) では、係助詞の「も」は、文中用法として
(i) 同類のものが他にあることを前提として包括的に主題を提示する。従って多くの場合、類例が暗示されたり、同類暗示のもとに一例が提示されたりする。類例が明示されれば並列となる。
(ii) 主題を詠嘆的に提示する。
の2つが示されている。
*3 ただし、方言によっては、(3) の全てのパターンが成り立たない場合がある。本章では、全てのパターンが成り立つことを前提に議論を展開している。
*4 例えば、(ia-c)(iia-c) の例はどれも、「も」が全称量化子として不定語を量化する読みをもつ。
(i) a. どれもおもしろかった
b. どの本もおもしろかった
c. どの先生が書いた本もおもしろかった
(ii) a. どれもおもしろくなかった
b. どの本もおもしろくなかった

　　　　　c. だれが書いた本もおもしろくなかった
*5　ただし、以下のように、他の副詞に比べ「たいてい」の容認可能性は低い。
　　　（11）'　a.？ この街もたいてい変わらないなあ
　　　　　　 b.？ 春もたいていたけなわになりました
その理由は定かではないが、副詞としての「たいてい」には、〈かなり確率が高い〉という意味があり、「変わらない／たけなわになりました」などの断定的な評価を与える意味をもつ述語との間に意味上の齟齬が生じるからではないか、とひとまず考えておくことにしよう。
*6　注3で触れたように、(12b)の「誰'も」については、方言間のギャップがあり、方言により、"everyone"の解釈は、「誰'も」ではなく、以下の通り、「誰もが」にしなければ生じない、という場合がある。
　　　（i）誰もが来なかった
　　　　　（Everyone did not come.）
*7　これは岸本秀樹氏の指摘（p.c.）による。
*8　τ はどのようなカテゴリーにも対応する変項を表す。
*9　個体概念（individual concept）は、それぞれの指標に対して個体を値として与える関数である。Janssen（1984）は個体概念について次のように述べている：an individual concept (IC) is by definition an element in $D_e^{I \times J}$; xo it is a technical term for a function with domain I × J and range D_e. (the set D_e is the set of individuals and the elements in I × J are called reference points.)
*10　y は定項ではない。

第7章
結論

　本書では、パースペクティブの混在やシフトを特徴とする雑多な混合話法現象の背景に、どのようなメカニズムが働いているのかを明らかにすることを試みた。パースペクティブの混在やパースペクティブ・シフトは、Kaplan (1977) が、現行の文脈とは別の文脈に基づいて指示対象を指定する要素をモンスターと呼んで排除したように、文や発話の意味を理解する上できわめて重要な〈パースペクティブの一貫性〉を損なうものであり、決して好ましいものではない。

　ところが、日常言語の世界では、一人の話者がひとつの出来事について述べる場合でも、(1) のように、話の途中でパースペクティブがシフトする混合話法なる発話が存在する。

(1) a.　太郎は僕が東京へ行くと言った
　　 b.　昨日、田中君は今日僕にプレゼントをやると言った

しかも、文主語のパースペクティブに表層文に具現化されない話者のパースペクティブを、また逆に、話者のパースペクティブに元発話者としての文主語のパースペクティブを挿入する読みは、(1) のような引用文や信念文以外にも、(2) のようなさまざまな文形式や語彙項目に、パースペクティブ・シフターとして気付かれないまま紛れ込み、複眼的で重層的な意味の構築に関係している。

(2) a.　首相が"コントロール下にある"と確言した汚染水
　　 b.　ケンは昨日たくさん食べるから、お腹が痛くなるんだ
　　 c.　バカじゃないか
　　 d.　我慢ももう限界です

このように、気付かれないままに放置されているパースペクティブ・シフターが関わる事例は少なくない。これに対して、本書では、文の中でパースペクティブを設定・変更する動的なパースペクティブの組織化に重大な関心を払い、従来のパースペクティブ研究の対

象からはみ出たこれらの言語現象を混合話法とリンクさせつつ本格的に分析することを試みた。

　こうした現象には、さまざまな要因が影響を及ぼしていると思われることから、本書では、以下の3つの側面に着目してアプローチを試みた。第一は、パースペクティブ・シフトにより新規に導入されるパースペクティブの認知主体は誰か、第二は、その結果、パースペクティブ・シフトの前後で当該記述の解釈がどう変化したか、そして、第三に、新規に導入されるパースペクティブと現行文脈でもあるCommon Groundとの関係はどのようなものか、という変化の実態である。

　第一の新規に導入されるパースペクティブの認知主体は誰かについては、各章で議論の対象となった言語形式の統語構造も統語範疇もさまざまで、一見捉えどころがないように思われる。しかし、現行の発話行為の話者、もしくは、元発話の発話行為の話者であるという点では概ね一致する。この事実を統一的に捉えるために、引用文や報告文の分析に使用される、(3)のような *de dicto*（言表様相）、*de re*（事象様相）、および、*de se* の3つの読みを採用した。

(3) a. *de dicto* 読みは、語彙項目に即して解釈される
　　 b. *de re* 読みは、現行の発話行為の発話文脈に即して解釈される
　　 c. *de se* 読みは、報告／伝達される元発話の発話文脈に即して解釈される

しかし、第4章の非分析的否定疑問文「Pじゃないか」のように「Pであり、かつ、Pでない」という循環的で自己言及的な発話に、現行の発話文脈と元発話の発話文脈を基準にする(3)をそのまま適用することは困難である。そこで、Barwise and Etchemendy (1987)、Devlin (1991) に従って、命題の真偽の状況依存性と、状況が世界の部分を構成するという状況の部分性という考え方を導入し、現行の発話文脈／パースペクティブに対して想起される対比文脈／パースペクティブや表層文に具現化されないパースペクティブも重要な分析対象とした。データから、対比文脈／パースペクティブの認知主体も現行の発話行為の話者である場合が多く、パース

ペクティブ・シフトが概して話者のパースペクティブを（注釈として）挿入するための方略であることが明らかになった。

　第二の、パースペクティブ・シフトの前後で当該記述の解釈がどう変化したかについては、語用論的括弧の使用が引き起こすシフトが文の解釈に与える影響として、第2章で具体的に示した。そこでは、文主語のパースペクティブを話者のパースペクティブにシフトする場合だけでなく、逆に、話者のパースペクティブを元発話者としての文主語のパースペクティブにシフトする場合もあり、シフトの方向性にはばらつきが見られることが明らかになった。前者の場合には *de re* 読みが与えられ、後者の場合には *de se* 読みが与えられる。しかし、どちらのケースも、対比パースペクティブが導入される点において、内包的な文脈が形成されることに変わりはなく、その結果、当該の記述に対する評価が複眼的に提示されるという効果が生じることが分かる。本書では、このような内包的文脈の形成とそこからもたらされる当該の記述に対する複眼的評価が、第2章で論じた「語用論的括弧」だけでなく、各章の雑多な現象に共通して観察されることから、(*de re* を挿入するという意味で)、混合話法が現象の背景に働くメカニズムの中核をなすものであるという主張を展開した。

　従って、第三の、Common Ground との関係については、既存の Common Ground に含まれていないパースペクティブや文脈の新規導入は、（通常は、対話や談話の進展に伴って制限され縮小されるはずの）Common Ground を拡張する操作として捉え得るものである。

　このように、本書で扱ったどの現象においても、パースペクティブ・シフトや相互排他的関係にあるパースペクティブ集合の立ち上げが観察された。また、それぞれの環境を詳しく調べてみると、パースペクティブの立ち上げが、当該文に具現化されていない認知主体である現行の発話行為の話者の主観・情報を現行の発話文脈―Common Ground―に挿入する方策として、重要な役割を果たしていることが明らかになった。中でも、一見雑多なこれらの現象が、*de re* としての性格をもつ点において共通する、という事実は重要

である。なぜなら、*de re*解釈は、「表層文に具現化されない現行の発話行為の話者の主観（話者のパースペクティブに基づいた情報）を新たにCommon Groundに導入し、内包的文脈を形成する」という〈日本語固有の話法〉として捉えられるべきものであり、本書で扱った現象が、規範文法から逸脱していたり、先行研究から説明ができないものであったりすることを考えると、*de re*が混合話法を作りだし、一見雑多な現象を混合話法として束ねる鍵になっている、と言っても過言ではないからである。

　本書では、パースペクティブの混在やシフトが複雑に関わる雑多で複雑な現象を〈日本語固有の話法〉として捉え、これらが*de re*として分析・記述できることを明らかにして、*de re*解釈が、目立たないが、さまざまなタイプの文に現れて、豊かな意味の構築に貢献していることを示し、そのメカニズムの解明を試みた。

参考文献

Abusch, D. (1997) Sequence of tense and temporal de re. *Linguistics and Philosophy* 20, 1–50.

Anand, P. and A. Nevins (2004) Shifty operators in changing context. *SALT* 14, 20–37.

青木三郎（2002）『ことばのエクササイズ』東京：ひつじ書房.

朝倉季雄（1955）『フランス文法事典』東京：白水社.

Austin, J. L. (1950) Truth. *Proceedings of the Aristotelian Society*, Supp.vol. xxiv. (Reprinted in *Philosophical Papers*, J. O. Urmson and G. J. Warnock (eds.), Oxford: Oxford University Press, 1961, 117–33.)

Barwise, J. and J. Perry (1983) *Situation and Attitudes*, Cambridge, MA: MIT Press. (『状況と態度』（土屋俊他訳），東京：産業図書（1992）).

Barwise, J. and J. Etchemendy (1987) *The Liar*, Oxford: Oxford University Press. (『うそつき』（金子洋訳）), 東京：産業図書（1992）).

Clark, H. and R. Gerrig(1990) Quotations as Demonstrations. *Language* 66, 764–805.

Clements, G. N. (1975) The logophoric pronoun in Ewe: Its role in discourse. *Journal of West African Language* 10, 141–177.

Davidson, D. (1967) The logical form of action sentences. In N. Rescher (ed.) *The logic of decision and action*. Pittsburg: University of Pittsburg Press.

Davidson, D. (1979) Quotation. Reprinted in his *Inquiries into Truth and Interpretation*, 79–92, Oxford: Clarendon Press, 1984.

Dayal, V. (1995) Licensing any in non-negative/non-modal contexts. *SALT* V, 72–93.

Dayal, V. (1998) Any as inherently modal. *Linguistics and Philosophy* 21, 433–476.

De Haan, F. (1999) Evidentiality and epistemic modality: Setting boundaries. *Southwest Journal of Linguistics* 18, 83–101.

Devlin, K. (1991) *Logic and Information*, Cambridge: Cambridge University Press.

Fodor, J. D. (1970) *The linguistic description of opaque contexts*, Ph. D. dissertation, Massachusetts Institute of Technology. (Published in the Series "Outstanding Dissertations in Linguistics" by Garland (1979)).

藤田保幸（2000）『国語引用構文の研究』大阪：和泉書院.

Giannakidou, A. (2001) The meaning of free choice. *Linguistics and Philosophy* 24, 659–735.

Grice, H. P. (1975) Logic and Conversation. In P. Cole and J. L. Morgan (eds.) *Syntax and Semantics* 9, 69–112, New York: Academic Press.

濱本秀樹（2004）「自由選択の any と「どんな…も」」（大庭幸男編）『言葉のからくり』東京：英宝社，323–335.

Hamblin, C. L. (1970) *Fallacies*, London: Methuen.

Hamblin, C. L. (1973) Questions in Montague English. *Foundations of Language* 10, 41–53.

蓮沼昭子（1993）「日本語の談話マーカー「だろう」と「じゃないか」の機能―共通認識喚起の用法を中心に―」『第1回小出記念日本語教育研究会論文集』.

Heim, I. (1982) *The semantics of definite and indefinite noun phrases*, Ph. D. dissertation, University of Massachusetts.

Heim, I. and A. Kratzer (1998) *Semantics in Generative Grammar*, Malden, MA: Blackwell.

Heim, I. (2013) Constraints on argument structure (The paper read at the Semantics Research Group, September 1st, 2013, Kwansei Gakuin University).

Hintikka, J. (1962) *Knowledge and Belief*, Ithaca, N.Y.: Cornell University Press. 『認識と信念』（永井成男・内田種臣訳），東京：紀伊国屋書店（1975）.

Horn, L. R. (1985) Metalinguistic Negation and Pragmatic Ambiguity. *Language* 61: 121–174.

Horn, L. R. (1989) *A Natural History of Negation*, Chicago: University of Chicago Press.

Horn, L. R. (2000) Pick a theory (Not just any theory): Indiscriminatives and free-choice indefinite. In Horn L. R. and Y. Kato (eds.). *Studies in Negation and Polarity*, 149–192, New York: Oxford University Press.

Horn, L. R. and G. Ward (eds.)(2004) *The Handbook of Pragmatics*. Malden, MA: Blackwell.

井上優(1994)「いわゆる非分析的な否定疑問文をめぐって」『研究報告集15』国立国語研究所，207–249.

Ippolito, M. (2013) *Subjunctive conditionals*, MA: Cambridge, MIT Press.

岩崎卓（1994）「ノデ節、カラ節のテンスについて」．『国語学』179, 1–12.

Janssen, T. (1984) Individual concepts are useful. In Landman and Veltman (eds.). *Proceedings of the fourth Amsterdam Colloquium*, 171–192.

Jayez, J. and L. M. Tovena (2005) Free choiceness and non-individuation. *Linguistics and Philosophy* 28, 1–71.

Kadmon, N. and F. Landman (1993) Any. *Linguistics and Philosophy* 16, 353–422.

影山太郎（1993）『文法と語形成』東京：ひつじ書房．

影山太郎（1996）『動詞意味論―言語と認知の接点―』東京：くろしお出版．

鎌田修（2000）『日本語の引用』東京：ひつじ書房．

Kaplan, D. (1977) Demonstratives: An essay on the semantics, logic, metaphysics, and epistemology of demonstratives and other indexicals. In

Almog, J., H. Wettstein, J. Perry (eds.) *Themes from Kaplan*, 481–563, New York: Oxford University Press (1989).

Kaplan, D. (1989) Demonstratives. In J. Almog, H. Wettstein and J. Perry (eds.) *Themes from Kaplan*, 481–563, New York: Oxford University Press.

Karttunen, L.(1973) Presuppositions of compound sentences. *Linguistic Inquiry* 4.2, 169–193.

Karttunen, L.(1974) Presuppositions and linguistic context. *Theoretical Linguistics* 1, 181–194.

Kato, Y. (1985) Negative Sentence in Japanese. *Sophia Linguistica* 19 (Monograph), Tokyo: Sophia University.

木村大治（2011）『括弧の意味論』東京：NTT出版．

金水敏（2009）「意志性・主観性と文脈」（由本陽子・岸本秀樹編）『語彙の意味と文法』東京：くろしお出版．

Kripke, S. (1972) *Naming and Necessity*, Cambridge: Harvard University Press.（『名指しと必然性―様相の形而上学と心身問題―』八木沢敬・野家啓一訳，東京：産業図書．）

Kuno, S. (1972) Pronominalization, reflexivization, and direct discourse. *Linguistics and Philosophy* 3, 161–195.

久野暲（1973）『日本文法研究』東京：大修館書店．

Kuroda, S.-Y. (1965) *Generative Grammatical Studies in the Japanese Language*, Ph.D. dissertation, Massachusetts Institute of Technoligy.

Kusumoto, K. (1999) *Tense in Embedded Context*, Ph.D. dissertation, University of Massachusetts.

Landman, F. (1986) *Towards a Theory of Information*, Dordrecht: Foris Publications.

Larson, R. and G. Segal (1995) *Knowledge of meaning: An introduction to semantic theory*, Combridge MA: MIT Press.

Lewis, D. (1979) Attitude de dicto and de se. *Philosophical Review* 88, 513–543.

Maier, E. (2007) Quotation marks as monsters, or the other way around? In M. Aloni et al. (eds.) *Proceedings of the Sixteenth Amsterdam Colloquium*, 145–150.

益岡隆志（1987）『命題の文法』東京：くろしお出版．

益岡隆志（1992）「日本語の補助動詞構文―構文の意味の研究に向けて―」『文化言語学　その提言と課題』（文化言語学編集委員会編），東京：三省堂，546–532．

益岡隆志・田窪行則（1989）『基礎日本語文法』東京：くろしお出版．

町田健（1993）『日本語の時制とアスペクト』東京：アルク．

三原健一（1992）『時制解釈と統語現象』東京：くろしお出版．

森田良行（1977）『基礎日本語』東京：角川書店．

中村ちどり（2001）『日本語の時間表現』東京：くろしお出版．

中薗篤典（2006）『発話行為論的引用論の試み』東京：ひつじ書房．

Narahara, T. (2002) *The Japanese Copula*, New York: Palgrave Macmillan.

成田啓行（2000）「三角関係とジェスチャー」滋賀県立大学．

Nishigauchi, T. (1986) *Quantification in Syntax*, Ph. D. dissertation, University of Massachusetts.
野田春美（1997）『「の（だ）」の機能』東京：くろしお出版．
野本和幸（1988）『現代の論理的意味論』東京：岩波書店．
沼田善子（1986）「とりたて詞」（奥津敬一郎・沼田善子・杉本武）『いわゆる日本語助詞の研究』東京：凡人社．
Ogihara, T. (1986) *Temporal Reference in English and Japanese*, Ph.D. dissertation, University of Texas.
Ogihara, T. (1996) *Tense, Attitudes, and Scope*, Dordrecht: Kluwer Academic Publishers.
尾野治彦（1999）「ノデ節、カラ節のテンスについての覚え書き―岩崎の『主節時主語視点』をめぐって―」．『北海道武蔵女子大学短期大学紀要』31, 51-97.
Oshima, D. (2009) Perspective, logophoricity, and embedded tense in Japanese. In Y. Takubo, T. Kinuhata, S, Grzelak and K. Nagai (eds.) *Japanese/Korean Linguistics*, 16, 481-495, Stanford: CSLI Publications
Parsons, T. (1990) *Events in the semantics of English: A study in subatomic semantics*, Cambridge, MA: MIT Press.
Percus, O. (2000) Constraints on some other variables in syntax. *Natural Language Semantics* 8(3), 173-229.
Quine, W.V.O.(1940) *Mathematical Logic*, Boston, MA: Harvard University Press.
Récanati, F. (2000) *Oratio Obliqua, Oratio Recta*, Cambridge, MA: MIT Press.
Rooth, M. (1985) *Association with Focus*, Ph.D. dissertation, University of Massachusetts.
Russell, B.(1905) On Denoting. *Mind* 14, 479-493.
坂原茂（1985）『日常言語の推論』東京：東京大学出版会．
Schlenker, P. (2003) A plea for monsters. *Linguistics and Philosophy* 26, 29-120.
Shimoyama, J. (2001) *Wh-Constructions in Japanese*. Ph. D. dissertation, University of Massachusetts.
Shimoyama, J. (2006) Indeterminate phrase quantification in Japanese. *Natural Language Semantics* 14, 139-173.
沈矛一（1984）「複合文の接続助詞でくくる節の語のテンス「スルが」と「シタが」、「スルので」と「シタので」など」．『語学教育研究論叢』創刊号，大東文化大学語学教育研究所．
Stalnaker, R. (1975) Indicative conditionals. *Philosophia* 5, 269-286.
Stalnaker, R. (1976) Possible words. *Nous* 10-1, 65-75.
Stalnaker, R. (1978) Assertion. In P. Cole(ed.), *Syntax and Semantics 9*, New York: Academic Press, 315-332.
Stalnaker, R. (1999) *Context and Content*, Oxford: Oxford University Press.
Strawson, P. (1950) On Referrig. *Mind* 59, 320-344.
菅原和孝（1987）「日常会話における自己接触行動―微小な『経験』の自然誌

へ向けて―」『季刊人類学』18号第1巻, 130-200.

杉村泰 (2003)「テオウ構文とテアル構文の非対称性について」『名古屋大学言語文化論集』24-2, 95-110.

砂川有里子 (1988)「引用文における場の二重性について」『日本語学』7 (9), 東京：明治書院.

Tamura, S. (2009) Tense and modality in Japanese causal expressions. In Y. Takuo, T. Kinuhata, S, Grzelak and K. Nagai(eds.) *Japanese/Korean Linguistics* 16, 496-510, Stanford: CSLI Publications.

田野村忠温 (1990)「否定疑問文の類型」『現代日本語の文法I』大阪：和泉書院.

田野村忠温 (1991)「疑問文における肯定と否定」『国語学』164, 1-14.

Tarski, A. (1933) The concept of truth in formalized languages. In A. Tarski, *Logic, Semantics, Mathematics*, 2nd edition, 152-278, Indianapolis: Hackett, (1983).

von Fintel, K, and I. Heim (2011) *Intensional Semantics*. http://stellar.mit.edu/S/course/24/sp11/24.973.

矢田部修一 (1998)「日本語における否定辞・量化子のスコープの決定」『上智大学言語学会会報』13, 117-136 (『文法理論：レキシコンと統語』(伊藤編) 東京大学出版会 (2002: 249-272) に再録).

山森良枝 (1998)「否定文中の限定詞のふるまいと論理的特性について」『言語研究』113, 97-128.

山森良枝 (2006)『日本語の限量表現の研究―量化と前提の諸相―』東京：風間書房.

山森良枝 (2008a)「いわゆる非分析的否定疑問文の分析」『神戸大学文学部紀要』35, 53-85.

Yamamori Y. (2008a) Quotations as discourse modal pparticles. In Schmits, H.C. and H. Zeevat (eds.), *Workshop on Formal and Experimental Approaches to Discourse Particles and Modal Adverbs*, ESSLLI(Twentieth European Summer School in Logic, Language and Information), 1-3.

Yamamori, Y. (2008b) Intension, free choiceness and the role of 'mo' in Japanese. In Jayez, J. and L.M. Tovena (eds.), *Workshop on Free Choiceness: Facts, Models and Problems*, ESSLLI (Twentieth European Summer School in Logic, Language and Information), 21-32.

山森良枝 (2008b)「引用とLogophoricity―日本語における括弧の機能について」『第25回日本認知科学会大会発表論文集』, 370-375.

Yamamori Y. (2009) Quotations as discourse perspective shifters. In Rumshisky, A. and N. Calzolari (eds.) *Proceedings of GL 2009*, 19-26.

山森良枝 (2009)「時間的パースペクト・シフトと従属節のテンス」『第26回日本認知科学会大会発表論文集』, 278-279.

Yamamori Y. (2010) Representing events in Japanese complex predicates. *Proceedings of the 24th Pacific Asia Conference on Language, Information and Computation*, 311-320.

山森良枝 (2011)「埋め込まれた時制のパズル―時制のDe Se分析―」『第28回

日本認知科学会大会発表論文集』, 757–762.

山森良枝（2012）「著者性とパースペクト・シフト—時制辞と引用符が教えること—」『電子情報通信学会技術研究報告』Vol.112 No.103, 25–30.

Yamamori Y. (2012) Quotations and quotation marks in Japanese contexts. In *Genbun* No.14-4, 427–457.

山森良枝（2014）「語用論的括弧について」In *The Eighth International Conference on Practical Linguistics of Japanese (ICPJL8) Conference Handbook*, 116–119.

吉本啓（1993）「日本語の文階層構造と主題・焦点・時制」『言語研究』103, 141–166.

幸松英恵（2008）「「のだ」文におけるテンス—アスペクトの変容」『日本語文法』8 (2), 79–97.

あとがき

　パースペクティブ・シフトと混合話法に興味をもったきっかけは、高垣由美氏との雑談の最中、ふと耳にした「日本語の発話の殆どは自由間接話法だ」という氏の言葉であったように思う。視点やパースペクティブ・シフトが自然言語の意味の形成や理解に重要な役割を果たすことや、日本語に混合話法が多く見られることはたびたび指摘されており、よく知られた事実である。そのため、この問題は言語研究に織り込み済みの事項と決め込み、それまであまり注目してこなかった。しかし、言われてみればなるほどそうである。本書で扱った（一般的な原理原則では説明できない）一見奇妙な言語現象の背後にも同じ問題が潜んでいるのではないか。パースペクティブの混在は、パースペクティブが関わることが知られている移動動詞や授受動詞を含む事例以外にもさまざまなレヴェルで生じており、聴者は、誰がそう言ったのか、当該文や句の元発話者を同定することで、個々のパースペクティブにアクセスしているのではないか。そう考えて、いろいろデータに当たっていくうちに、現行の発話行為の話者の見立てや主張を一種の注釈として当該文に挿入しようとする際に一般則から逸脱した言語現象が生じることが分かってきた。このような現象について論じたものが本書である。ただ、同じ議論がより広範なデータでも成り立つのかについてはさらなる検証が必要である。分析の妥当性も含め、本書の内容について批判や指摘をいただければ幸いである。

　本書の中身は、着想の段階から現在に至るまでの間に、さまざまな場で発表や議論の機会を得た。その場で、多くの有益な批判や貴重なコメントをいただいた。すべての方々のお名前を列挙することはできないが、V. Dayal、原田康也、木村大治、岸本秀樹、松井理直、峯島宏次、中山康雄、C. Potts の各氏、および、谷泰先生、菅

原和孝先生をはじめとする〈コミュニケーションの自然誌研究会〉のみなさんに謝意を表したい。特に、岸本秀樹氏には、草稿に目を通すという無理なお願いをし、貴重な批判と指摘をたくさんいただいた。そのすべてに答えるべく力を尽くしたつもりであるが、残された不備や未解決の問題は今後の課題としたい。そして、本書の刊行を快諾してくださったひつじ書房の松本功氏、および、編集、校正でお世話になった海老澤絵莉氏に改めてお礼申しあげたい。最後に、これまで優しく見守ってくれた母と亡き父に本書を捧げたいと思う。

　本書の成果は、日本学術振興会科学研究費　基盤研究（C）21520403、および、基盤研究（C）25370447の支援を受けたものである。また、出版にあたっては、平成26年度日本学術振興会科学研究費「研究成果公開促進費」（学術図書）265079、および、2014年度同志社大学研究成果刊行助成による補助を受けている。関係の方々のご高配に深く感謝する。

索引

A

A'束縛　72
Abusch, D.　78
acquaintance relation　71
Aghem 語　23
Amharic 語　20, 23, 25, 70
Anand, P.　70
Answer-Set　90, 91, 97, 104, 144
any　148, 149, 151, 152, 154, 155, 158
ARB　150, 151, 155
atelic　132, 133

C

Clark, H.　16, 19
Clements, G. N.　24
closed quotation　26, 27
Common Ground　12, 29, 30, 31, 32, 34, 100, 101, 102, 104, 106, 107, 108, 110, 112, 113, 114, 115, 163, 164
　　――の更新　111
C 統御　90, 144
Cul　132

D

dare-mo（anyone NPI）　146
da're-mo（everyone）　146, 147
Davidson, D.　16, 19, 131
Dayal, V.　145
de dicto（言表様相）　3, 4, 14, 27, 38, 74, 76, 162
de re（事象様相）　3, 4, 5, 6, 8, 9, 14, 20, 23, 24, 25, 27, 28, 39, 71, 73, 75, 78, 114, 140, 159, 162, 164
de se　20, 24, 25, 26, 27, 71, 72, 73, 79, 162, 163
Devlin, K.　95, 96, 97, 113
double access reading　42

E

Engenni 語　23
eventuality　131, 138
existential indefinite　147, 149

F

FC indefinite　149
focus particle　143
foreseeability（予見可能性）　46, 47, 82

G

Gerrig, R.　16, 19
Giannakidou, A.　146, 147, 149, 154, 155
Grice, P.　17, 34

H

Hamblin, C. L.　90, 144
Heim, I.　3
Hintikka, J.　95
Hold　132
Horn, L. R.　92, 93, 112

I

i-alternative 146, 147, 154
indexical 15, 38
individual level 述語 156, 157

J

Janssen, T. 160
Jayez, L. 149

K

Kaplan, D. 2, 38, 77
Karttunen, L. 55
Kripke, S. 64
Kuno, S. 25, 73
Kuroda, S.-Y. 139, 144
Kusumoto, K. 42

L

Lewis, D. 71
logophoric pronoun 24, 25, 26, 69, 70, 73

M

Markedness Principle 17
metalinguistic negation 85
monotone increasing 特性 142
mutual knowledge / common knowledge 34

N

Narahara, T. 102, 103
neo-Davidsonian method 132
Nevins, A. 70
Nishigauchi, T. 143
Non-Individuation Constraint 149
non-specific *de dicto* 74
non-specific *de re* 75

O

Ogihara, T. 42
open quotation 26, 27
Oshima, D. 44

P

Parsons, T. 132
Percus, O. 75

Q

Quine, W. V. O. 3, 34

R

Récanati, F. 26

S

Schlenker, P. 23, 25, 70, 99
Sequence of tense rule 41, 72
shift-together 70, 73
Shimoyama, J. 139, 143, 144, 156
situation pronoun 75
specific *de re* 74
stage level 述語 156, 157
Stalnaker, R. 34, 64, 83, 115
sub event 126, 127, 128, 132

T

Tamura, S. 46, 47, 48
Tarski, A. 34
Tovena, L. M. 149

V

von Fintel, K. 74, 75
「Vてある」構文 7, 117, 136
    A型—— 123, 126, 128, 129, 132
    B型—— 123, 125, 126, 127, 128,

129, 131, 133, 136
「Vておく」構文　7, 117, 134, 136

W

whole event　128
world pronoun　75
world variable　75, 76

あ

アクセント　93
穴（hole）　55
暗黙の動作主　121, 132

い

意志性　121
意志動詞　47, 49, 118, 120, 122, 123, 124, 136, 137
一次元的なパースペクティブ　59, 66, 67
一人称発話　20, 25, 30, 39
一般量化子　144, 157
イディオム性　89
移動動詞　38
井上優　110
イベント意味論（event semantics）　131
イベント項　131
イベント量化子　131
岩崎卓　45, 47, 48, 51, 59, 61, 62
引用　24
引用語・句　11
引用動詞　19, 21
引用の「と」　30
引用符　5, 11, 13, 14, 22

う

嘘つきパラドックス　114
嘘つき文　7, 9, 85, 95, 96, 97, 113, 114
埋め込み可能性　55, 57
埋め込み節　39, 78
「埋め込み節事象先行型」解釈　6, 37, 42, 43, 77

え

英語　26
詠嘆の「も」　5, 7, 139, 140, 152, 158
エピソード文　149, 150, 151, 153, 154, 157

お

尾野治彦　52

か

外延　150, 157
概言のムード　86, 92, 97, 99, 106, 113
外項　130, 131
外置　15
概念的意味　11, 15, 18, 32, 33, 64
会話の含意　93
係助詞　140
影山太郎　124
下降音調　88, 97, 105
過去時制　77
過剰束縛　151
括弧付き引用語・句　11
括弧率　12, 33
活動動詞タ形　39
活動動詞ル形　6, 37, 39, 40, 41, 42, 43, 64
可能世界（possible world）　64, 109
　──の変数　139
鎌田修　12, 21, 82
間接引用　15, 20, 30
（間接）受動文　134
間接話法／関接引用　14, 37, 39, 49, 69

き

擬似分裂文　50, 124, 125, 134
記述否定（descriptive negation）　85, 92
木村大治　12

疑問詞疑問文　90, 103
協調の原則（cooperative principle）　34
金水敏　118, 121, 129

く

久野暲　87, 125

け

経験者（experiencer）　7, 122, 127, 131, 133, 135, 137
言表様相→ *de dicto* を見よ
言文一致運動　11

こ

語彙項目　4, 23, 32
項構造　117
構成性のパズル　6, 88, 92, 94
拘束形態素　85, 88
交替可能要素　142
膠着言語　88
肯定疑問（文）　87, 88
肯定対極表現　87
肯定的偏り　86, 94
肯否疑問文　90, 102, 103
個体　139, 144, 156, 157, 158
個体概念（individual concept）　139, 150, 155, 160
　——の集合　8, 149, 155, 156, 158
　——の性質　155
　——の性質の集合　155
個体の集合　8, 144, 149, 155
個体の集合の集合　144
個体変数　139, 148, 150
コト節　42, 56, 57
コピュラ「だ」　102, 103, 104
固有名詞　152
固有名説（Proper Name Theory）　34
語用論的括弧　6, 11, 12, 23, 26, 27, 28, 29, 30, 31, 32, 33, 163
混合話法（blended speech）　20, 21, 37, 39, 69, 71, 140, 161, 162, 163, 164
コントロール　125

さ

坂原茂　68
作用域　3
参照時（reference time）　39, 77

し

恣意的演算子　150, 151
使役的意志動詞　135
使役動詞　124, 134, 137
使役文　130
時間副詞　77, 78, 154
思考動詞　30
自己言及性　85
指示的人称代名詞　152
自者　143
事象構造　7, 123, 126, 132, 133, 136
［事象—実現／実行］関係　136
事象様相→ *de re* を見よ
指示理論（demonstrative theory）　16, 19
時制のパズル　77
視点　80
自動詞文　130
「自分」　25, 73
尺度性含意　93
「じゃないか」　6, 85, 86, 88, 104
自由選択項目（free choice item）　139, 143, 148, 149, 150, 151, 152, 153, 154, 155, 158
主観的態度動詞（subjective attitude verb: SAV）　41, 76, 79
主語　51, 52, 53, 58, 70
主語—主題位置　152
主節事象時　63
「主節事象先行型」解釈　42
主題　119, 122, 125, 126, 127
述語　158
述語句否定　90
受動変形　4

——可能性　124, 125
主要部　118, 131
状況　95, 96, 113
　　——の部分性　95, 96, 97
　　——理論　7, 95, 96
上昇音調　88, 97, 105
状態述語　42, 80, 124, 125, 131
焦点　51
焦点化　8, 139, 155
焦点領域（Focus Domain）　28, 29, 30, 31, 32
叙実動詞　54, 55, 56, 57
処理のプロセス　33
新情報の受容　102, 103
信念動詞　100
信念文　3, 24, 39
沈矛一　44

す

随意的括弧　22
スコープ・パラドックス　74, 76
砂川有里子　12

せ

制限節項　144, 157
世界　158
世界の変数　148
接続法（subjonctif / conjunctive (mode)）　34, 99, 100, 102, 109
絶対的テンス　39
狭いスコープ　91
栓（plug）　55, 82
線状性（linearity）　1
全称量化　156, 157
　　——子　139, 144, 145, 153, 155
　　——表現　143
前提（presupposition）　46, 51, 54, 55, 57, 91, 93, 142, 152, 157
前提集合　145

そ

総記　125, 155
相互排他的関係　163
相互排他的パースペクティブ集合　64
総称的事象　43
総称文　152, 153, 154, 157
相対的テンス　37, 39, 42, 71, 72, 79
属性　8, 139, 147, 149, 150, 155, 156, 158
存在前提（existential presupposition）　91, 94
存在動詞　118, 123
存在文　128, 130
存在閉包　145, 157
存在量化　156, 157

た

「だ」　104
第一タイプの非分析的否定疑問文　108, 109, 110
対象　123, 126, 130
対照集合（alternative set）　140
態度（attitude）　40
第二タイプの非分析的否定疑問文　108, 109, 110, 111, 112
対比パースペクティブ　32, 163
タイプ・シフター　8, 139, 147, 149, 155, 158
他者　143
他動詞　129, 137
田野村忠温　86
「誰も」　139
単純他者肯定　139, 141, 142, 143, 152, 157
断定　105
断定のムード　112
談話文脈　80

ち

知覚動詞構文　45

索引　177

長距離束縛　76
直接引用　11, 15, 19, 21
直接体験　71
直説法（indicatif / indicative (mode)）　34, 99, 100, 109
直接話法／直接引用　14, 37, 69

て

テイル形　42, 80
出来事（event）　132
手続き的意味　11, 18, 28, 29, 32, 33, 79

と

道具付加詞　129, 130
トークン（token）　16, 18, 19
統語論的括弧　6, 11, 12, 23, 27, 29, 32, 33
動作主　7, 118, 122, 123, 126, 127, 129, 131, 133, 135, 137
動作主一経験者シフト　7, 127, 128, 131, 134, 137
動作動詞　125, 131
同時　42, 45, 53, 54
到達可能性　109
トキ節　42
「どのCNでも」　150
とりたて詞　142, 155
「どんな」　150, 151
「どんなCNでも」　150, 151

な

内項　130
内在的モーダル要素　150
内包的演算子　33
内包的文脈　74, 139, 156, 159, 163, 164
中薗篤典　12
中村ちどり　42

に

二次元的なパースペクティブ　67, 68
二重分節性　1
日本語固有の話法　5, 9, 164
認識主体　47
認識動詞　70, 76

ぬ

沼田善子　139, 141, 142

の

「の」　85, 98, 101, 102, 104, 106, 108

は

パースペクティブ　2
　――・シフター　161
　――・シフト　9, 22, 23, 26, 27, 28, 37, 162
　――の一貫性　2, 38, 39, 44, 69
　――の拡張　41, 58, 62, 79
　――の認知主体　162
　――の不一致　61
背景　12, 29
排他的パースペクティブ集合　63, 68
排他的論理和（exclusive disjunction）　63, 67, 83
排中律　91, 92, 97
場所名詞　126
発話行為論　12
発話時基準　77
発話動詞　30, 70
発話文脈　66, 80
濱本秀樹　150, 151

ひ

非意志的な行為　129
非意志動詞　47, 137
非対格自動詞　129, 130

否定疑問文　86
否定形　136
否定対極表現　86, 87, 139, 140, 143, 146, 147
否定の作用域　90
非人称主語　60, 83
非能格自動詞　137
非分析的否定疑問文　6, 85, 86, 87, 88, 101, 162
評価時　78
評価文脈（context of evaluation）　2, 29, 32, 37, 38, 63, 71, 77, 80
標示（mark）　17, 18
　——効果　17
　——の原則　17
　——理論　19
広いスコープ　91

ふ

フィルター　55
複合名詞句の島　143
複雑述語　7, 117
藤田保幸　12
付値関数　147, 154
普通名詞　149, 152
不定語　139
「不定語＋でも」　145
「不定語＋も」　143, 145
不定名詞句　149
不透明動詞　74
フランス語　23, 26, 99
文（命題）否定　90

へ

平叙文　103

ほ

ボイス転換　59
報告　24
報告者　21, 22

報告文　39

ま

益岡隆志　118, 120, 135
町田健　54, 82

み

三原健一　42

む

ムード表現　103
無限後退　21
矛盾関係　94
矛盾律　91, 92, 97

め

明示的動作主　129
命題　64, 66
命題概念（propositional concept）　6, 9, 37, 41, 64, 66, 67, 68
命題関数　66
命題の真偽の状況依存性　95
命題論理　91
命令文　124, 125, 134
メタ言語否定（metalinguistic negation）　6, 85, 92, 93

も

「も」　2, 139, 140, 141
モダリティ　109
元発話　20
元発話者　14, 21, 22, 49, 58, 70, 71
モンスター　2, 38

よ

様相演算子　151
様相文　151, 153, 154, 157

様相論理学　64
様態の公理　17
様態表現　49, 51
様態副詞　45
吉本啓　42

り

理由文　55, 68
量の公理　17
履歴　5, 8, 139, 153, 154, 155, 156, 158

る

「ル+カラ節〜ノダ」文　46

れ

例外句　145

ろ

ローカル束縛　76

わ

話者　48, 49, 50, 52, 53, 54, 56, 57, 58, 59, 60, 61, 62, 63, 70, 71
話者／著者パラミター　29

山森良枝（やまもりよしえ）

略歴
1993年名古屋大学大学院文学研究科博士後期課程単位取得退学。神戸大学留学生センター（1993年〜2011年）を経て、2011年より同志社大学グローバル・コミュニケーション学部教授。博士（文学）（名古屋大学）。

主な論文・著書
『コミュニケーションの自然誌』（共著、1997年、新曜社）、『日本語の限量表現の研究―量化と前提の諸相―』（2006年、風間書房）（日本学術振興会助成刊行物）、*Japanese Linguistics: European Chapter*（共著、2007年、くろしお出版）など。

ひつじ研究叢書〈言語編〉第123巻
パースペクティブ・シフトと混合話法
Perspective Shift and Blended Speech in Japanese
Yoshie Yamamori

発行	2015年2月16日　初版1刷
定価	5500円+税
著者	©山森良枝
発行者	松本功
ブックデザイン	白井敬尚形成事務所
組版所	株式会社 ディ・トランスポート
印刷・製本所	株式会社 シナノ
発行所	株式会社 ひつじ書房

〒112-0011　東京都文京区千石2-1-2　大和ビル2階
Tel: 03-5319-4916　Fax: 03-5319-4917
郵便振替 00120-8-142852
toiawase@hituzi.co.jp　http://www.hituzi.co.jp/

ISBN978-4-89476-747-8

造本には充分注意しておりますが、落丁・乱丁などがございましたら、小社かお買上げ書店にておとりかえいたします。
ご意見、ご感想など、小社までお寄せ下されば幸いです。

刊行のご案内

ひつじ意味論講座 1　語・文と文法カテゴリーの意味
澤田治美 編　定価 3,200 円 + 税

ひつじ意味論講座 2　構文と意味
澤田治美 編　定価 3,200 円 + 税

ひつじ意味論講座 3　モダリティ I：理論と方法
澤田治美 編　定価 3,200 円 + 税

ひつじ意味論講座 4　モダリティ II：事例研究
澤田治美 編　定価 3,200 円 + 税

ひつじ意味論講座 5　主観性と主体性
澤田治美 編　定価 3,200 円 + 税

ひつじ意味論講座 6　意味とコンテクスト
澤田治美 編　定価 3,200 円 + 税

刊行のご案内

〈ひつじ研究叢書(言語編) 第107巻〉
認識的モダリティと推論
木下りか 著　定価7,600円+税

〈ひつじ研究叢書(言語編) 第110巻〉
言語行為と調整理論
久保進 著　定価8,200円+税

〈ひつじ研究叢書(言語編) 第111巻〉
現代日本語ムード・テンス・アスペクト論
工藤真由美 著　定価7,200円+税

刊行のご案内

〈ひつじ研究叢書（言語編） 第115巻〉
日本語の名詞指向性の研究
新屋映子 著　定価6,200円+税

〈ひつじ研究叢書（言語編） 第118巻〉
名詞句とともに用いられる「こと」の談話機能
金英周 著　定価4,800円+税

〈ひつじ研究叢書（言語編） 第122巻〉
話し言葉と書き言葉の接点
石黒圭・橋本行洋 編　定価5,600円+税